「安倍増税」は日本を壊す

消費税に頼らない道はここに

垣内 亮

はじめに

安倍晋三政権は、二〇一九年の一〇月から消費税率を一〇%に引き上げる方針をあらためて固め、一九年度予算案に消費税収の増加とともに、増税による景気への影響を緩和するための「対策」にあてる歳出を盛り込みました。

今回の消費税増税は、民主党の野田佳彦政権時代に、民主・自民・公明の「三党合意」をもとに、当時は五%だった消費税率を、一四年四月に八%、一五年一〇月に一〇%に引き上げるとして決められたものでした。その後、安倍政権のもとで八%への増税は実施されましたが、一〇%への増税は二度も延期されてきたものです。

安倍首相は、自分に都合のいいあれこれのデータをあげて「アベノミクスの成果」を自慢し、これを受けて麻生太郎財務相も、「(消費税率を)上げる状況は整いつつある」などと言っています。しかし、経済全体に目を向けるならば、到底そんな見方はできません。

一四年四月の増税で大きく落ち込んだ家計消費は、その後四年半が過ぎても落ち込んだままで、一度も増税前の水準を回復していません。一八年一二月一〇日に発表された七‐九月期のGDP改定値(二次速報値)は、年率換算でマイナス二・五%という大幅減少となりました。個人消費だけでなく、企業設備、輸出、公共事業など、主要な指標がすべてマイナスです。政府は「悪天候のせい」だとしていますが、それだけでは説明がつきません。

政府は、対前年比で賃金が上昇していることも、増税判断の材料としてきました。しかし、厚生労働省の勤労統計のデータ不正処理が明るみに出され、一八年の賃金上昇率がかさ上げされていたことが判明したことで、ますます増税の根拠が崩れてきています。

安倍首相が「頼みの綱」とする株価も、一八年の年末に大きく下落しました。大納会を迎えた一二月二八日の終値は、一年前に比べて日経平均でマイナス一二％、東証株価指数（ＴＯＰＩＸ）はマイナス一八％と、極めて大幅な下落となりました。世界的に見ても、株価は大幅に下落し、公的年金の積立金を運用するＧＰＩＦ（年金積立金管理運用独立行政法人）は、一〇－一二月期に一四・八兆円という、四半期ベースでは過去最悪の損失を生みました。

こうした株価下落の背景には、アメリカと中国という二つの経済大国の間の深刻な貿易摩擦に象徴される、世界経済の先行き不安があります。安倍首相は、前回の増税延期を決めた際、直近のＧＤＰ（国内総生産）など国内のデータは順調だったにもかかわらず、「世界経済のリスク」や「不透明感」をあげて、増税延期の理由を説明しました。あの当時の世界経済が「不透明」だったというのならば、いまは「一寸先は闇」ではないでしょうか。

消費税増税そのものには「賛成」という人も含めて、「この経済情勢のもとで増税していいのか」という疑問や不安の声が高まっています。安倍首相の経済ブレーンの一人で、内閣官房参与を務めていた藤井聡京都大学大学院教授は、『10％消費税』が日本経済を破壊する』という著書を出版し、一九年一〇月の増税に反対しています。経団連副会長も務めたことがある鈴木敏文セブン＆アイ・ホールディングス名誉顧問も、『文藝春秋』一九年一月号で、「いまのタイミングで消費税を上げたら、間違いなく消費は冷え込んでしまう」と警告しています。

政府は、国民の不安を打ち消そうと、「ポイント還元」や「プレミアム付き商品券」などの「対策」を打ち出しました。しかし、増税額を上回る六兆円もの「対策」も、その効果は疑わしく、逆に混乱と不公平を拡大するものばかりです。世論調査でも、「ポイント還元」には増税それ自体より多くの「反対」の声が上がっています。今、景気対策をいうのであれば、消費税増税それ自体を中止することが、最大で唯一の対策です。

消費税は低所得者ほど負担の重い税金です。国民に消費税を押しつける一方で、安倍政権は大企業には四兆円もの大減税を行い、欧米諸国に比べても「大株主優遇」の証券税制をはじめ、富裕層優遇の税制を温存してきました。

「アベノミクス」と消費税増税という二つの悪政がセットになって、その相乗効果で消費不況を深刻化し、格差と貧困を広げてきました。一〇％への増税が強行されれば、これにますます拍車がかかり、日本経済に破局的な影響を与えます。

日本の「財政危機」が打開できないのは、「財源と言えば消費税」という呪縛《じゅばく》にとらわれているからです。これを打ち破り、「アベノミクス」の恩恵で大儲けしている大企業や富裕層に応分の負担を求めれば、社会保障の拡充などに必要な財源は確保できます。

消費税増税は、家計や営業に経済的な打撃を与えるだけでなく、インボイスの導入などを通じて、人々の働き方を含めた、社会の在り方をも大きく変化させていくおそれがあります。経済だけでなく、日本社会全体を壊しかねない消費税増税に、いまこそ大きな「ノー」の声をあげるときです。

＊　＊　＊

本書は、消費税増税中止の一点での世論と運動を急速に進めるために執筆したものです。運動に速やかに役立てるため、主要な論点をすべて第1章にまとめました。多忙な方は、まず、第1章だけでも、お読みいただければ幸いです。第2章では消費税と「アベノミクス」が消費不況を深刻化させる問題、第3章では格差と貧困の拡大に焦点をあてました。第4章は政府が一八年に打ち出した「対策」の批判、第5章では消費税によらない財源確保の提案について論じました。

さらに、［補論］として、二つの点を論じています。一つは、消費税そのものの仕組みについての解説です。制度をご存じの方には不要かもしれませんが、「軽減税率」やインボイスなどを正確に理解するためには、消費税の仕組み自体をよく知らなければならないからです。もう一つは、「アベノミクス」がいかに財政や金融をゆがめ、経済の基盤をむしばんできたかという点です。消費税増税と直接の関係はありませんが、「日本の経済と社会を壊す」という点では、消費税増税と並ぶ大問題だと思うからです。

目　次

第1章　亡国の大増税——消費税一〇%が日本の経済と社会を壊す

いま、消費税増税それ自体には賛成の人を含めて、多くの人々から、「こんな経済情勢のもとで増税を実施しても大丈夫なのか」という不安の声があがっています。これは、当然です。安倍首相は、過去二回にわたって、消費税一〇%増税を延期してきましたが、過去の「延期」決定時に比べても、いまの経済情勢は格段に悪化しているからです。

前回「延期」決定時より増税の「リスク」は格段に高い

消費税率が五%から八%に引き上げられたのは、二〇一四年四月でした。当時、政府は「アベノミクスで景気は回復してきた」として「増税の影響は一時的で、すぐ回復する」と説明していました。しかし、増税を強行した結果、消費は大きく落ち込み、簡単には回復しませんでした。実質GDPは、一四年四－六月期、七－九月期と、二期連続のマイナス成長となりました。(注)「こんな状況のもとで、次の増税を予定通り実施したら大変だ」と誰もが思いました。

（注）一四年七－九月期については、その後のGDP算定方法の改定などの影響もあり、現在はプラス成長に遡及《そきゅう》改訂されています。

安倍首相は、一四年七－九月期GDPの公表を受けて、一一月一八日に「消費税一〇%増税の一年半延期」を表明し、「重大な公約の変更」を理由に解散・総選挙に打って出ました。この総選挙では、「アベノミクス」に対する国民の幻想に加えて、増税延期への好意的受け止め、野党の共闘ができなかったこともあって、自民党が勝利しました。

これに味をしめた安倍首相は、一六年六月、参議院選挙を前にして、二度目の「増税延期」を宣言します。野党の民進党が「二年延期」を主張していたこともあり、それを超える「二年半の延期」で「サプライズ」を演出しました。しかし、この時期には、最初の延期決定の時期とは違って、直近に発表されたGDP（一六年一－三月期）はプラス成長でした。

この時、安倍首相は、国内経済については「アベノミクスは順調にその結果を出しています」と自画自賛しながら、「世界情勢は……不透明感を増しています」として、増税延期の理由を説明しました。「不透明感」の内容として首相が指摘したのは、「中国などの新興国経済の『陰り』」や「原油などの商品価格下落」でした。こうした点に「リスク」があるから、増税を延期するというのです。

しかし、世界経済の「不透明感」や「リスク」は、今の方が格段に高まっているというのが、衆目の一致するところではないでしょうか。何しろ、アメリカと中国という経済大国が「貿易戦争」というべき事態を続けており、その解決の展望が見えないのです。

国内経済は、前回の「増税延期」決定時に比べて、明らかに今の方が悪化しています。一八年一二月一〇日に公表された七－九月のGDP改定値（二次速報値）は、年率換算の実質でマイナス二・五%という衝撃の数字となりました。(注)一一月に公表された一次速報値がマイナス一・二%でしたから、大幅な下方修正です。この下方修正の理由は、一二月はじめに公表された法人企業統計で、企業の設備投資が予想を超えて悪化していたことによるものです。

図1　実質成長率の推移

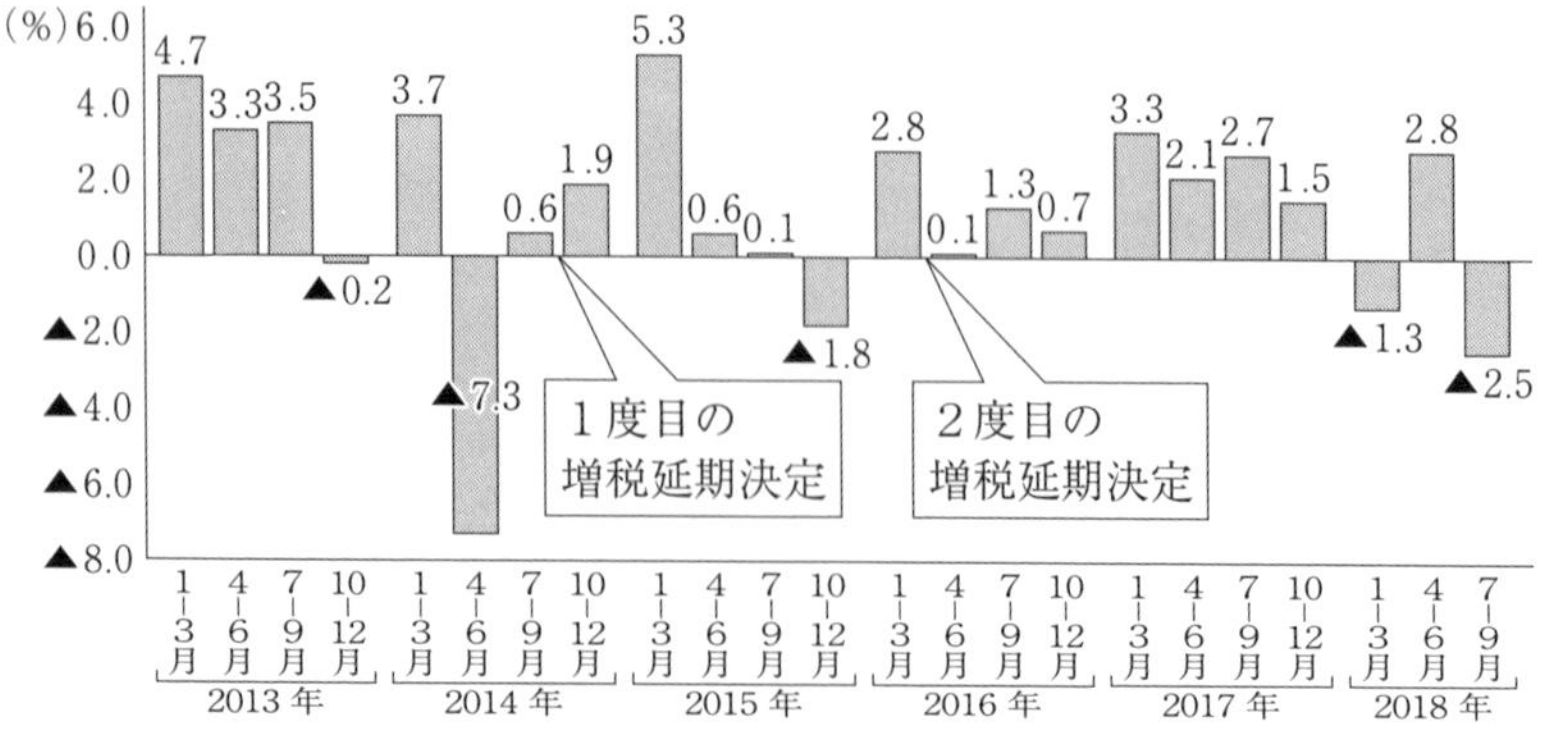

（出所）内閣府「18年7-9月GDP二次速報」
（注）GDP成長率（前期比、季節調整済実質、年率換算）。

（注）一八年七－九月の成長率は、一九年二月一四日の四半期GDP公表時に遡及改定され、マイナス二・六％と、さらに引き下げられました。

政府は、七－九月のGDPの落ち込みについて「悪天候のせいだ」と説明しています。たしかに、「夏の旅行の予定が中止になった」など、消費の落ち込みは悪天候でもある程度の説明がつくかもしれません。しかし、設備投資や輸出の落ち込みまで、悪天候だけで説明できるのでしょうか。

図1は、安倍政権になってからの実質成長率（年率換算）の推移です。一八年七－九月の落ち込みは、前回の消費税増税直後の時期（一四年四－六月期）に次ぐ大きなものとなっています。過去二回の「増税延期」決定時に比べて、明らかに経済情勢が悪化していることがわかります。

さらに、前回の増税延期判断時と現在とで、GDPを構成する項目別の伸び率を比較すると、**表1**のように、個人消費、設備投資、輸出など、主要項目のすべてで、今の方が悪化していることがわかります。前回、「リスクがあ

表1　GDPの主要項目の伸び率の比較

	直近のGDP速報（公表日）	実質成長率（%）	GDPの主要構成要素の伸び率（%）			
			個人消費	設備投資	公共事業	輸出
前回増税延期決定時（16年6月）	16年1－3月期1次速報（5月18日）	0.4 (1.7)	0.5 (1.9)	▲1.4 (▲5.3)	0.3 (1.3)	0.6 (2.4)
現在	18年7－9月期2次速報（12月10日）	▲0.6 (▲2.5)	▲0.2 (▲0.7)	▲2.8 (▲10.6)	▲2.0 (▲7.7)	▲1.8 (▲6.9)

（出所）内閣府四半期GDP速報
（注）実質季節調整値の前期比増減率（カッコ内は年率換算値）。この表の16年1－3月期は発表当時の値（その後、遡及改定され、図1のように成長率は年率2.8%である）。

る」といって増税延期を決めた安倍首相が、このデータに「リスク」を感じないとしたら、その経済認識を疑わざるを得ません。

もっとも、安倍首相には、GDPとか世界経済といった難しい指標は理解不能なのかもしれません。第3章で詳しくふれますが、安倍首相が最も重きを置いている経済指標は「株価」だといいます。先行きに「不透明感」や「リスク」があれば、投資家がそれを判断するから、株価に反映すると考えているのでしょう。

私は、安倍首相が二度目の延期を言い出した理由は、選挙対策を別とすれば、実は、当時の株価が下落傾向にあったことが大きかったのではないかと思っています。ただ、さすがの安倍首相も「株価が心配だから増税を延期する」とは言いにくかったのでしょう。

これに対して、政府が一九年一〇月の増税方針を再確認した一八年九月末から一〇月初めの時期には、株価は「アベノミクス」のもとで最高の二万四〇〇〇円に達していました（**図2**）。この株価を見て、「これなら大丈夫」という判断をしたのかもしれません。だとすれば、一八年末の株価下落の中で「先行き不透明感」を強めているのは、誰よりも安倍首相なのかもしれません。

株価は投機マネーの動きなどで変動しますから、安倍首相のよう

図２　日経平均株価の推移

（注）日経平均株価指数（各営業日終値）の18年末までの推移。

に株価だけで判断するのは問題ですが、それは別としても、国内でも世界でも、いまの経済情勢が前回「増税延期」決定時に比べて格段に「リスク」を高めていることは明らかです。前回の「増税延期」の論理からいっても、一九年一〇月の増税などできるはずがありません。

「増税が経済を壊す」と高まる批判の声

一九年一〇月の消費税増税が強行されたら日本経済は重大な事態に陥ると警告しているのは、私たち日本共産党だけではありません。多くの識者が、警告の声をあげはじめています。

その一人が、一八年末まで内閣官房参与を務めていた藤井聡京都大学大学院教授です。藤井氏は、安倍首相の経済ブレーンの一人で、「国土強靱《きょうじん》化」などの政策に関与してきましたが、内閣官房参与在任中の一八年一一月に出版した著書(注)の中で、一九年一〇月の消費税増税に反対しています。藤井氏は、前回の増税がいかに消費を冷え込ませたかを分析し、「消費増税は確実に日本経済に破壊的ダメージをもたらし、『財政基盤』それ自身を破壊するのだ」と警告しています。

（注）『「10％消費税」が日本経済を破壊する』（晶文社）。

もう一人は、セブン&アイ・ホールディングス名誉顧問の鈴木敏文氏です。鈴木氏は、最近発行された『文藝春秋』一九年一月号で、「いまのタイミングで消費税を上げたら、間違いなく消費は冷え込んでしまうことでしょう」と述べています。

鈴木氏は「私は決して、『消費税を上げる必要がない』などとは考えていません」、「現在の財政状況を考えれば、間接税の比率を上げざるを得ないのは確かです」と断りつつ、「問題は、引き上げのタイミングなのです」と述べ、日銀が「異次元金融緩和」で景気回復をめざしてきたが、その達成時期は何度も先延ばしされ、とうとう日銀の文書からは「物価安定目標」の時期が削除されたと指摘しています。「経済の先行きは不透明で、国民の多くは老後に不安を抱えている」、「こんな状況下で消費増税を行なえばどうなるか。国内景気がさらに悪化して、消費の減少、企業倒産の増加、失業率の上昇といった負の連鎖に直面する可能性もある」というのです。

過去には経団連副会長も務め、消費税創設時からスーパーやコンビニ業界の中心で消費者の動向を分析してきた鈴木氏の警告には、重い意味があると思います。

消費税増税の三つの問題点

消費税の増税には、大きく言って次の三つの問題点があります。

図3　2人以上世帯の実質家計消費支出の推移

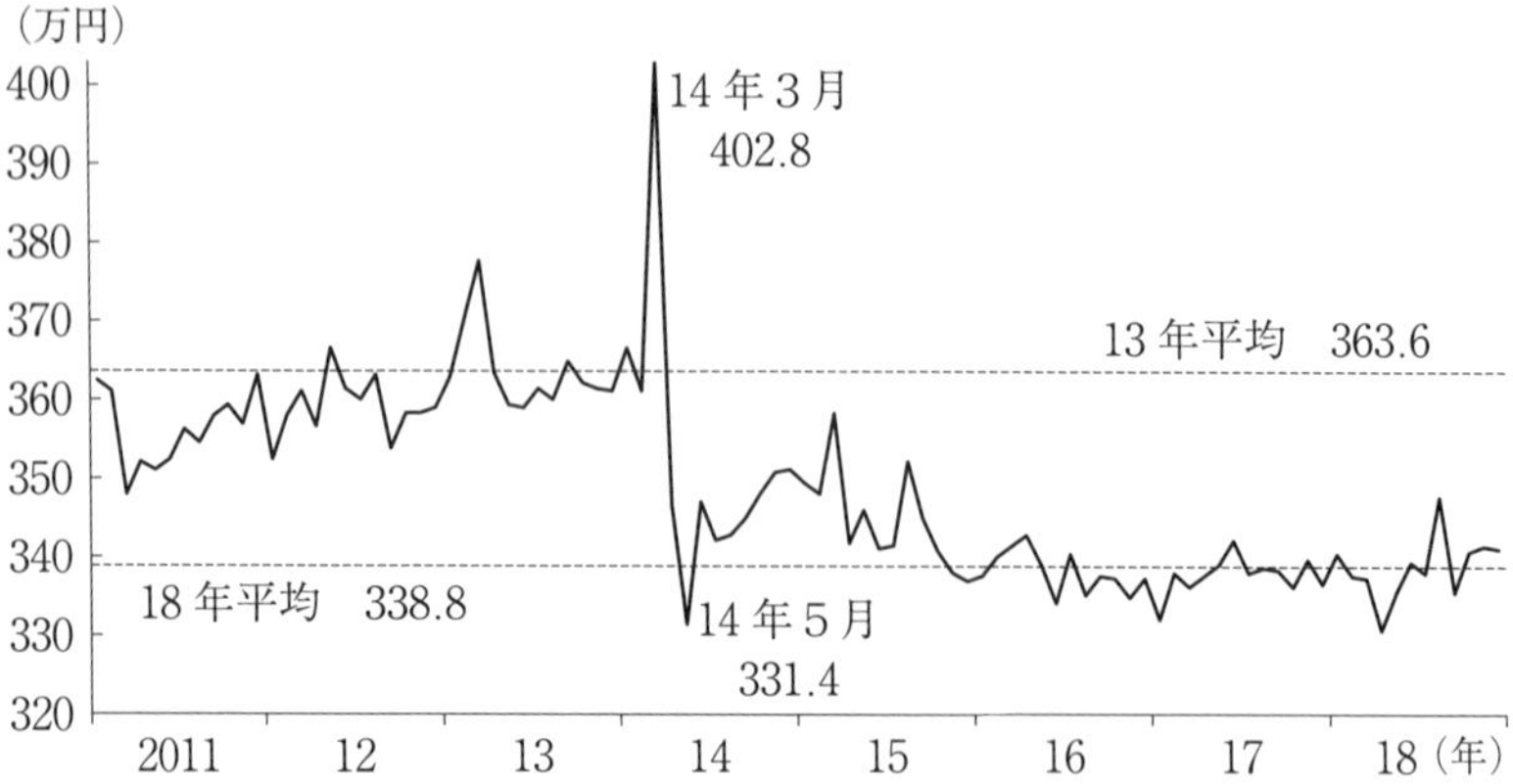

（出所）総務省「家計調査」、2人以上世帯の実質消費支出（季節調整値、年額換算）

①消費不況で経済に破局的影響をもたらす

一つは、すでに述べたように、また、藤井教授も力説しているように、増税が家計を直撃して、消費を冷え込ませることです。GDPの六割をしめる個人消費が冷え込めば、経済全体に破局的な影響を与えることになります。

前回の増税が行われた一四年四月以降、家計消費支出は大きく落ち込んでいます。**図3**は、総務省「家計調査」の二人以上世帯の消費支出（季節調整済実質指数）を年額に換算したグラフです。増税前の「駆け込み消費」が起きる前の一三年の一年間の平均値は三六三・六万円でした。それが、直近の一八年一二月のデータでは三四一・一万円です。一八年一年間の平均値は三三八・八万円で、増税前に比べると約二五万円も落ち込んでいます。

一八年秋の臨時国会で、日本共産党の志位和夫委員長が、この消費の落ち込みについて安倍首相に質問しました。すると、安倍首相は、「消費は、GDPベースで見て……一三年水準を上回るなど、持ち直しています」と答弁しました。個々の家計で見れば落ち込んでいても、国全体では持ち直しているというのです。

しかし、これはごまかしです。実は、ＧＤＰ統計の「消費」には「持ち家の帰属家賃」という「架空の消費」が含まれています。各国の経済規模を比較するための手法の一つで、持ち家に住む人が、「店子としての自分が、家主としての自分に家賃を支払っている」として計算するのです。帰属家賃を除いたデータでは、ＧＤＰベースでも消費は一三年の水準を回復していません。

政府は、消費税増税が消費に与える影響というと、すぐに「駆け込みと反動減」の話をします。今回の増税影響「緩和策」も、「ポイント還元」などの「駆け込み・反動減」への対策が中心です。しかし、「駆け込みと反動減」だけなら、影響はせいぜい半年、長くても一年くらいのはずです。八％への増税から五年近くたっても消費の冷え込みが続いている理由は説明できません。問題は、消費税の増税それ自体が物価の上昇を通じて家計の購買力を奪うことにあるのです。

しかも、「駆け込み・反動減」という議論自体、虚構ともいえる面を持っています。実は、「駆け込み」をするのは主に、「駆け込む」ための資金的な余裕のある人々であって、増税後に消費を大きく減らすのは、「駆け込み」をする余裕すらない低所得者なのです。

これらの点については、さらに第2章で詳しく見たいと思います。

②貧困と格差を拡大する

二つ目は、消費税が貧困と格差をさらに広げるということです。

安倍政権が進めた経済政策「アベノミクス」のもとで、経済的な格差が大きく広がっています。労働者の賃金はわずかしか増えず、消費税増税を含めた物価上昇に追いつかない状況だというのに、大企業の役員報酬は急増しています。上場企業の役員で、年間報酬一億円以上の人数は、「アベノミクス」が始まる前の一二年度には三七五人だったのが、一七年度には七〇〇人を超えました。

さらにすごいのは大株主などの富裕層です。アメリカでは保有資産が一〇億ドル以上の大富豪を「ビリオネア」と呼びます。日本円でいうとおよそ一〇〇〇億円に相当します。雑誌「フォーブス」は、毎年、「世界のビリオネア」のリストを公表していることで有名です。日本の上場企業の有価証券報告書に記載された大株主の保有株式数と、その企業の株価などから、大株主の保有株式資産額が推計できます。「アベノミクス」が始まる前の一二年末の時点では、保有株式時価総額が一〇〇〇億円以上の株主は一二人しかいませんでしたが、日経平均株価が二万四〇〇〇円に達した一八年九月末の時点で計算すると、五八人にまで増えていました。その資産総額は、三・五兆円から一七・六兆円に、何と五倍にも膨れ上がったのです。

その一方で、金融資産をまったく持たないという世帯も増えています。日本銀行金融広報中央委員会が毎年行っている「家計の金融行動に関する世論調査」によれば、一七年時点で、「金融資産を持たない」世帯が二人以上世帯で三一・二%、単身世帯で四六・四%にのぼっています。全国の世帯分布から推計すると、全世帯の約三五%が金融資産ゼロということになります。このうち、「預金口座もない」という世帯と「口座はあるが残高はない」という世帯が、合わせて一三%程度にもなっています。(注)

(注)同調査は、一八年度から質問方法を大幅に変更してしまったため、最新データでは、比較できるような推計ができません。

安倍首相は、国民生活基礎調査などのデータをもとに、「アベノミクスで貧困率が改善した」と自慢します。一二年と一五年の二回の調査を比べて、貧困率が低下したからです。しかし、ここにはごまかしがあります。「貧困率」というのは、世帯人数で調整した可処分所得の順に全国民を並べたときに、ちょうど中間にあたる人の可処分所得（中央値）の半分の額（＝貧困線）以下の可処分所得しかない人の割合として計算されます。このため、中央値が下がると貧困線も低下し、これまでなら「貧困」だった人が貧困線の上になってしまい、「貧困」とみなされなくなってしまうのです。

実際、一二年と一五年とでは、物価上昇を除いた実質額で見た中央値は、二二一万円から二一一万円へと一〇万円も低下し、この結果、貧困線も一一一万円から一〇六万円に下がってしまいました。これによって、三年前は「貧困」だった人が、所得は変わらないのに「貧困」ではなくなるという事態が起こったのです。

貧困問題の重大性は、こうした統計にはあらわれないところで、国民の実感になっているのではないでしょうか。それは、貧困問題を考え、その改善のために少しでも役に立とうとする活動の広がりにも示されています。

たとえば、全国で「こども食堂」の活動が広がっています。「こども食堂安心・安全向上委員会」が一八年四月に発表した調査結果によれば、全国二二八六カ所に「こども食堂」が広がっているといいます。過去には、一六年五月の朝日新聞の調査で（注）、「少なくとも三一九カ所」となっていましたから、ここ二年で急速に増えていることがわかります。「貧困がさらに深刻化している」ということを多くの人が実感しているからこそ、こうした運動が広がっているのだと思います。

（注）「朝日」一六年七月二日付。

消費税の増税は、貧困と格差をいっそう拡大します。それは、何よりも、消費税が「低所得者ほど負担が重い税」だからです。総務省の「全国消費実態調査」のデータで計算すると、消費税率が八％から一〇％に引き上げられ、食料品などに「軽減税率」を適用した場合だと、年収二〇〇万円未満の世帯（平均年収一四三・八万円）では、消費税が年間二・三万円増え、年収に対する負担増加率は一・六％ですが、年収二〇〇〇万円以上の世帯（平均年収二九七五・七万円）では、消費税が九万円増えますが、年収に対する負担増加率は〇・三％にしかなりません。消費の絶対額は高所得者の方が高いので、消費税の増税額も大きくなりますが、年収に対する負担率という点では、低所得者の方がはるかに大きくなっています。

さらにいえば、所得税ならばある程度以上の収入がなければ課税されませんが、消費税はそうではありません。仕事がなく、失業手当や生活保護で暮らしている人にも、わずかな年金では生活できず、残り少ない預貯金を取り崩しながら暮らしている高齢者にも、消費税の負担はのしかかります。

消費税で苦しむのは、消費者だけではありません。小売店や外食店などの業者も重大な被害を受けます。一つは、増税によって消費が冷え込み、売り上げの減少に直結することです。売り上げを維持するために値引きを余儀なくされれば、消費税を価格に転嫁できず、「身銭を切って消費税を納税する」ということにもなります。さらに、今回の場合は、「軽減税率」の導入による事務負担も加わります。

増税の四年後、二〇二三年一〇月から導入される予定となっている「インボイス」制度は、さらに業者の負担を増やします。これまでは納税を免除されていた零細な業者も、「インボイス」の導入によって課税業者を選択せざるを得なくなるからです。「インボイス」の影響を受けるのは、小売店などの業者だけではありません。個人タクシーや大工さん、「自営」の形で働く人々に広く影響が生じます。副業を持つサラリーマン、家庭でパソコン作業を請け負う主婦など、影響は一〇〇〇万人以上にも及ぶ可能性があります。

年金生活者の場合、消費税増税で物価が上がり、年金が実質で目減りすることになりますが、影響はそれだけにとどまりません。今の年金の仕組みでは、物価が上がって労働者の実質賃金が低下すると、それに合わせて年金が名目額でも減らされる可能性があるからです。

政府は、「消費税増税分は社会保障に使うから、主に低所得者に還元される」といいます。しかし、社会保障に使うといっても、増税分の多くは既存の社会保障財源と置き換えられるだけで、増税分まるまる社会保障の予算が増えるわけではありません。また、今度の増税分の多くは「幼児教育の無償化」などに充てられる予定ですが、保育所の保育料は高所得者ほど高いため、「無償化」した場合の恩恵は、高所得者に偏るという試算もあります。

このように、消費税の増税が貧困と格差をますます拡大することは明らかです。この点については、第3章で詳しく見ていきたいと思います。

③大企業には減税、国民には増税の逆立ち

消費税増税の三つ目の問題点は、国民には消費税の増税を押し付ける一方で、大企業には減税の大

盤振る舞いがされているという問題です。

安倍政権が発足した当時、法人税率は二五・五％で、法人税額の一割相当額の復興特別法人税もありましたから、これを含めた法人税率は約二八％でした。安倍政権は「アベノミクス」の「成長戦略」の一環として、法人税率の引き下げを開始します。まず、手始めは、三年間の予定だった復興特別法人税を一年前倒しで廃止したことです。これだけでも一・二兆円の減税です。

さらに、一五年度の「税制改正」では法人税率を二三・九％に引き下げ、地方税の法人事業税の所得割税率も引き下げました。一六年度の「税制改正」でも法人税率を二三・四％に引き下げ、一八年度に二三・二％に引き下げることも同時に決めました。こうした連続引き下げの結果、地方税を含めた減税額は、年間ベースで四兆円にも達しています。

一二年度から一七年度までの五年間で、大企業の経常利益は一・六倍に増え、税引き後の当期純利益は二・三倍に増えています。税引き後利益の増え方が大きいのは、減税の効果にほかなりません。政府は、減税分が賃金の引き上げなどに回ることを期待するといいましたが、実際には賃金はわずかしか増えず、利益の多くは企業の中にため込まれました。大企業の内部留保は、安倍内閣の五年九カ月で一二三兆円も増え、最新の統計データ（一八年九月末）では四四二・四兆円に達しています。

大企業は、消費税を一円も負担しません。もちろん、原料や機械を買えば消費税を払いますが、その分は製品価格に上乗せして回収されますから、企業自身の負担にはなりません。企業は消費税を税務署に納税していますが、それは販売額に上乗せして集めた消費税と、仕入れの際に払った消費税の差額だけですから、企業自身の負担にはなりません。大儲けしている大企業には法人税の減税を繰り返しておきながら、国民には消費税の大増税を押しつけるというのは、どう見ても「逆立ち」ではないでしょうか。

「アベノミクス」が消費税の被害を増幅した

消費税増税の影響を考える場合、増税の規模や内容それ自体とともに、それがどのような経済情勢と経済政策のもとで行われたのかが重要になります。

消費税が初めて導入された一九八九年には、「消費税反対」の大きな運動があった割には、導入後の消費の落ち込みは、さほど大きなものではありませんでした。これは、一つには、消費税と引き換えの形で自動車や家電製品などの物品税が廃止され、差し引きの増税規模が小さかったこともありますが、何よりも、バブル経済の最中だったという事情がありました。

税率が三％から五％に引き上げられた九七年は、バブル経済の崩壊や、日米貿易摩擦などを背景にした九五年の円高不況などを経て、大企業が「国際競争力強化のためのコスト削減」を掲げて、リストラや非正規雇用の拡大などで、賃金を抑制し始めた時期でした。実際、労働者の平均賃金は九七年をピークに低下し続けます。

ところが、そんな時期に当時の橋本内閣は消費税増税を強行し、さらに「財政構造改革法」を制定して社会保障をはじめとした予算の削減を進めようとしました。この結果、景気は急速に悪化し、バブル崩壊後に残されていた不良債権問題が表面化して、日本経済は長期にわたる「デフレ状況」に突入していきました。

では、前回の八％への増税と、今度の一〇％への増税はというと、これまでの増税との違いは「アベノミクス」のもとでの増税ということです。消費税増税に反対する論者の中には、「アベノミクスはいいが、消費税増税は良くない」という人もいます。「せっかく、アベノミクスで景気が上向いてきたのに、消費税増税で水を差すことになる」というのです。冒頭で紹介した藤井聡氏の主張も、これに近いでしょう。

国民にとって焦眉の課題である「消費税一〇％増税の中止」を実現するためには、「アベノミクス」の評価などの違いは脇に置いて、「増税中止」の一点での運動を進めることが重要です。しかし、かりに増税をストップできたとしても、「アベノミクス」が続く限り、賃金は増えず、暮らしも良くならず、格差は広がっていくでしょう。私は、「アベノミクスに消費税が水を差した」のではなく、「アベノミクスと消費税が相乗効果で暮らしと経済を悪化させた」と見るのが正しいと思います。

「アベノミクス」とは何だったか

でも、「アベノミクスとは何だったのか」と問われても、多くの人は首をかしげるのではないでしょうか。実は、「アベノミクス」というのは、体系的な経済理論の裏付けも、一貫した政策目標もない、「思い付きの寄せ集め」のようなものにすぎないからです。

「アベノミクス」の「三本の矢」といわれた「異次元金融緩和」、「公共事業などの財政出動」、「規制緩和などの成長戦略」も、経済学的にはまったく違った立場の政策の寄せ集めで、「三本の矢」などと束ねられるようなものではありません。安倍首相がこだわったのは、首相の郷里を代表する戦国大名、毛利《もうり》元就《もとなり》の故事(注)を引き合いに出したかったからではないかと思われます。

（注）中国地方の戦国大名・毛利元就が三人の子（毛利隆元・吉川元春・小早川隆景）に書いた文書の中で、「一本の矢は簡単に折れるが、三本まとめると容易に折れないので、三人がよく結束して毛利家を守って欲しい」と告げたという故事。

「新・三本の矢」というのもありました。もう忘れてしまった人も多いと思いますが、安倍首相が「一億総活躍社会」の三つの柱として打ち出した、「名目ＧＤＰ六〇〇兆円」、「希望出生率一・八」、「介護離職者ゼロ」です。これらは、いずれも「政策目標」であって「政策」ではありませんから、「『矢』ではなく、『的』ではないか」という批判もありました。このうち、「名目ＧＤＰ六〇〇兆円」については、ＧＤＰ算出方法の改定(注)によるかさ上げ効果もあって、二〇二一～二二年ごろには達成すると内閣府が試算していますが、あとの二つは達成の見通しが立っていません。

（注）一六年一二月に発表された同年七－九月期ＧＤＰの二次速報値から、算出方法が変更されました。国際的なＧＤＰの計算方法の改定によるものと説明されていますが、研究開発費を投資に算入するなど、これまでよりもＧＤＰが多く計算されるようになりました。一二年度のＧＤＰで約二〇兆円、一五年度のＧＤＰは約三二兆円のかさ上げがされています。

こうした「的外れ」の「矢」は並んだものの、「アベノミクス」は全体として何だったのか、政府からはまともな説明はありません。私は、安倍首相の関心事は経済や暮らしではなく、悲願の憲法改悪をどうやって実現するかにあったのだと思います。安倍首相にとっては、経済政策は、憲法改悪を実現するまで長期政権を維持するための「つなぎ」の役割しかない。首相の本音をいえば、そういうことなのだと思います。消費税増税も、首相が財政や社会保障財源を心配するからではなく、消費税増税を推進してきた財界の要望にこたえることで、財界の支持を得て長期政権を維持したかったからにほかなりません。消費税増税に個人的な意欲があるわけではありませんから、選挙戦術上有利と見れば、「増税延期」のカードも簡単に切ってきたのです。

その意味では、「アベノミクス」も同様です。憲法改悪が最優先であって、経済政策は一時的な「景気回復」を演出して、当分の間、国民の支持を得られればいい、日本経済の将来にまで責任は負わない、「後は野となれ山となれ」――「アベノミクス」とは、そういう政策の集合体だったのだと思います。「アベノミクス」に理論体系があるのかどうかは別として、私は「アベノミクス」の特徴点として、次の三つを指摘したいと思います。

①トリクルダウン政策

安倍首相が就任直後の国会演説で「世界で一番、企業が活躍しやすい国をめざす」と宣言したことに示されるように、「アベノミクス」は大企業の利益を優先し、大企業が儲ければ、その「おこぼれ」が国民に回ってくるのを期待するというものでした。上にたまったものがあふれて落ちて来るという意味で「トリクルダウン（＝滴り落ちる）政策」といわれます。安倍首相は「トリクルダウン」といわれるのを嫌いますが、自分では「企業の利益が国民に広く均霑《きんてん》することをめざす」といいます。「均霑」というのは、あまり普段は使われない言葉ですが、辞書によれば「等しく利益にうるおう」ことだといいます。ウィキペディアには、「トリクルダウン理論」について「均霑理論とも訳される」と書いてあります(注)。

（注）安倍首相は、この「均霑」という言葉が、よほどお気に入りのようです。首相就任以来六年間の国会議事録を調べたところ、首相が「均霑」（議事録では「均てん」）という言葉を使った議事録が四九件も見つかりました。

「アベノミクス」がトリクルダウン政策であることは、安倍首相以外は誰もが認めているように思いますが、問題は本当に「滴り落ちて」いるかどうかです。残念ながら、「滴り落ちている」とは言えない状況です。

一七年度に大企業は史上最高益を更新し、「アベノミクス」が始まる前の一二年度に比べて、経常利益では一・六倍、税引き後の当期純利益では二・三倍に増えました（財務省「法人企業統計」）。ところが、その大儲けした大企業でさえ、従業員一人当たり賃金は年収ベースで五六〇・二万円から五七五・一万円に、一四・九万円増えただけにとどまりました。五年間で二・七％の増加ですが、同じ期間に物価は消費税増税の影響も含めて六％近く上がっています。物価を差し引いた実質賃金を計算すると、三・一％も低下したことになります。

トリクルダウン政策としての「アベノミクス」がいかに失敗だったのかについては、第2章でもう一度ふれたいと思います。

②株価対策を最優先

「アベノミクス」の二つ目の特徴は、経済政策のすべてが「株価対策」を中心に組み立てられていたことです。これまでの自民党政権でも株価は重視されましたが、それは「経済政策の結果を示す一つの指標」としてのことでした。安倍首相の場合は、株価が最優先で、株価を維持するために経済政策が決められるという逆立ちした事態が起きたのです。

歴代の首相で、ロンドンのシティやニューヨークのウォール街を自ら訪問して、日本株をセールスしたのは、安倍首相だけです。安倍首相は、外国の証券マンを前にして、「バイ・マイ・アベノミクス」と演説しました。「アベノミクス」を「支持してくれ」でも「応援してくれ」でもありません。「買ってくれ」です。

安倍首相が株価を最優先するのは、第一次安倍政権の時の苦い教訓があるからだといわれています。小泉首相の後をついで、〇六年に発足した安倍政権は、「美しい国、日本」を掲げて、教育基本法の改悪などを推進しましたが、途中までは調子が良かった株価が、アメリカのサブプライムローンの行き詰まりなどの中で下落し、翌年の参議院選挙にも敗北して、自身の持病も悪化した結果、わずか一年で政権の座を失うことになりました。

二度目の政権についた安倍首相が思ったのは、悲願の改憲を実現するためには、どうしても長期政権が必要だということでした。そして、彼が着目したのは、歴代の長期政権、佐藤内閣、中曽根内閣、小泉内閣に共通するのは、政権期間中に株価が上昇基調にあったということでした。ここから生まれたのは、「改憲のためには、何をおいても株価を上げなければならない」という結論だったのです。

安倍首相の「株価最優先」ぶりを示すエピソードはたくさんあります。その一つは首相官邸の「株価ボード」です。首相官邸の執務室には、株価変動などを示すボードがあるそうです。安倍首相は「いろんな指標があるけど株価はわかりやすいよね」と漏らし、この株価ボードによく目をやるといいます（「日経」一四年六月一九日付）。このボード自体は以前からあったようですが、安倍首相のようによく見ている首相はなかったようです。

一三年の六月五日午後、安倍首相は「アベノミクス」の「三本目の矢」と位置付けた「成長戦略」の決定に先立って、その概要を披露する講演会を開きました。安倍首相は、この講演で株価が上がるのを期待していたようですが、実際には、首相の講演が進むにつれて株価がどんどん下がってしまいました。さらに、六月一二日に「成長戦略」の最終案が公表されると、翌日には株価が大暴落してしまいました。これにあわてた安倍首相は、「成長戦略」を発表した直後だというのに、「急いで追加対策を」と言いだし、「成長戦略」には盛り込まれていなかった法人税減税を入れるよう、強く主張しました。この間連続して行われた大企業減税は、こうして始まったのです。

安倍政権は、翌年一四年の六月に、大企業減税を含む「新成長戦略」を決定しましたが、その「素案」を発表した六月一三日の夜、安倍首相は周辺に「（株価が）上がって終わったのは良かった」と漏らしたと報道されました（「朝日」一四年六月二五日付）。こうした株価最優先の安倍首相の姿勢は、

「株価依存内閣」、「株価連動政権」など、多くのマスコミから揶揄《やゆ》されました。

株価対策は、金融緩和や法人税減税などの経済政策だけではありません。「公的マネー」を株式市場に投入して、直接に株価を買い支えるという、露骨な対策にまで進みます。公的年金の積立金を運用する「年金積立金管理運用独立行政法人」（ＧＰＩＦ）による株式購入や、日本銀行が購入する株価指数連動型上場投資信託（ＥＴＦ）を通じた株価の買い支えです。「アベノミクス」の初期は、株高の主役は外国人投資家でしたが、今や「公的マネー」が主役になっています。

問題は、こうして株価を無理やりつりあげても、多くの国民の暮らしには関係なく、潤うのは一部の大株主や外国人投資家だということです。この結果、格差がますます広がります。「株価対策」最優先の「アベノミクス」と消費税増税が複合的に作用して、格差と貧困を拡大しているのです。この点については、第３章で詳しく見ていきたいと思います。

③財政・金融の基盤むしばむ「異次元金融緩和」

「アベノミクス」の「三本の矢」の中で、他の二本は従来の自民党政権でも行われてきたことでしたが、「第一の矢」と位置付けられた「異次元金融緩和」は、確かに、「アベノミクス」に独自のものでした。

安倍内閣が任命した黒田東彦日本銀行総裁のもとで、一三年四月に開始された「異次元金融緩和」、正式名称は「量的・質的金融緩和」といいますが、これは、「消費者物価の前年比上昇率二％の『物価安定の目標』を、二年程度の期間を念頭に置いて、できるだけ早期に実現する」[注]というものです。

（注）一三年四月四日、日本銀行「『量的・質的金融緩和』の導入について」。

そもそも、「物価上昇率二％」を日銀が目標とすること自体が異例です。中央銀行である日銀は、「通貨の番人」とも呼ばれます。これは、通貨発行権を持つとともに、国民が通貨を安心して使えるように、通貨の価値の下落を防ぎ、通貨の信用を守ることを意味します。物価が上昇するということは、通貨の価値が下落するということですから、「異次元金融緩和」とは、「通貨の番人」としての中央銀行の使命に背く、異例の政策だということになります。ヨーロッパなどの中央銀行が「二％」の目標を掲げたことはありますが、これは二％を超えるインフレが起きている国で、通貨価値を守るために物価上昇を抑える意図で掲げられたものですから、意味が違います。

物価上昇を実現するために日銀が行ったのは、民間銀行が保有する国債を大量に買い上げることによって、「年間六〇兆～七〇兆円」の資金を金融市場に供給することでした。資金を大量に供給すれば、経済活動が活発化し、物価が上がる――そう人々が予測すれば、「物価が上がる前に買っておこう」と消費が活発化し、実際に物価が上がるだろうということです。

しかし、日銀がいくら大量に資金を投入しても、経済活動が活発化したり、消費が増えたりすることはありませんでした。物価上昇も、消費税増税にともなう上昇や、原油価格の上昇、円安による輸入物価の上昇の影響を除けば、わずかなものにとどまりました。あせった日銀は、資金供給ペースを年間八〇兆円に拡大したり、「マイナス金利」政策を導入したりしましたが、これも効き目はありませんでした。当初、「二年」とされた目標達成期間はずるずると延長され、六年近くたった今も「異次元金融緩和」が続いています。

「異次元金融緩和」は実体経済には何の効果もありませんでしたが、二つの点では顕著な効果がありました。一つは、異常な超低金利を実現したことです。一八年末時点での残存期間別の国債利回りは、一〇年物が〇・〇三七%で、九年以下はすべてマイナス金利です。安倍政権発足直後の一二年末には、一〇年物が〇・七九四%、一年物でも〇・〇九八%でしたから、金利低下の異常さがわかると思います。もう一つは株価の上昇です。もっとも、株高は前述したように安倍政権の「株価対策」総動員の結果ですが、「異次元金融緩和」で大量供給されたマネーが実体経済には向かわず、株式市場に流れ込んだことも株価上昇の一つの要因となりました。

「異次元金融緩和」の恩恵を大きく受けたのは政府です。毎年数十兆円もの国債を増発し、国債残高は急増しているのに、超低金利のおかげで利払い費はほとんど増えません。安倍首相は消費税一〇%増税を二回にわたって、合計四年も延期しました。税率二%分の引き上げは、「軽減税率」分を除いても毎年四・七兆円ですから、四年延期すれば、予定していた税収が一九兆円近くも失われたことになります。それでも問題なく予算編成ができている理由の一つには、利払い費が低く抑えられていることがあるのです。

金利が上がれば利払い費は急増し、「財政危機」が表面化します。財政破綻を避けるために、低金利政策を続けなければならない状況に陥ります。しかし、低金利が続けば別の問題が起きます。たとえば、企業年金や生命保険などの資産運用が困難になり、将来の年金が削られたり、保険料が上がったりするおそれがあります。さらに重大なのは、民間金融機関の収益が圧迫され、経営危機に陥る金融機関が生じかねないことです。

たとえていえば、「異次元金融緩和」というのは、一種の麻薬のようなものです。表面的には株価が上がったり、財政危機が薄らいだりしたように見えますが、財政や金融の基盤は改善したわけではなく、むしろ将来のリスクを高めています。麻薬で一時的に元気が出たように見えても、実は確実に健康をむしばんでいるのと同じです。

政府の「対策」は「天下の愚策」

政府は、一九年一〇月の消費税一〇％増税を再確認するとともに、「前回の三％引上げの経験を活かし、あらゆる施策を総動員し、経済に影響を及ぼさないよう、全力で対応する」として、九項目からなる「対策」を打ち出しました。一九年度の「税制改正」と予算案で示された「対策」の規模は総額で六兆円とされ、増税規模をも上回るものとなっています（**表2**）。安倍首相は、「五・七兆円の増税分を、すべて国民にお返しする」と言っています。

「財政が厳しいから」といって、国民多数が反対する消費税増税を決めておきながら、「増税で景気が悪化しないように」と、増税を上回る規模の「対策」をばらまく、増税分は「すべてお返しする」という。「それなら、最初か

表2　政府の増税への「対策」の概要

「軽減税率」（食料品など８％に据え置き）	0.5兆円
幼児教育の無償化・年金生活者支援給付金・低所得者の介護保険料軽減など	2.8兆円
消費税負担増に対する診療報酬等による補填	0.4兆円
キャッシュレス決済へのポイント還元	0.28兆円
低所得者・子育て世帯向けプレミアム商品券	0.17兆円
すまい給付金・次世代住宅ポイント制度	0.21兆円
防災・減災、国土強靱化対策	1.35兆円
住宅ローン減税の拡充	0.11兆円
自動車関係の減税（恒久措置＋臨時措置）	0.18兆円
「対策」の合計	6.0兆円

（出所）政府発表文書による
（注）詳細は表15を参照されたい。

ら増税をしなければいい」という批判は当然です。

しかも、この「対策」には、予算の「ばらまき」であるという点に加えて、少なくとも次の四つの問題点があります。

①消費の落ち込みを防げない

一つは、「対策」の効果が見えないことです。たとえば「防災・減災、国土強靭化対策」には一・三五兆円もの規模が予定されていますが、こうした公共事業は直接には家計をうるおすものではなく、消費の落ち込みを防ぐことになりません。「プレミアム商品券」は、低所得者と子育て世帯向けですが、「二万五〇〇〇円の商品券を二万円で買える」だけですから、実際の効果は五〇〇〇円だけ。前回増税時の「臨時福祉給付金」（一人一万円）の半分にすぎません。「マイナンバーカードを活用したプレミアムポイント」にいたっては、もとになる「自治体ポイント」を実施している市町村がほとんどありません。東京都では豊島区だけ。大阪府では泉佐野市だけです。秋田、福島、新潟、石川、滋賀、鳥取、島根、沖縄の各県では一カ所も実施されていません。

「対策」の目玉とされている「キャッシュレス決済へのポイント還元」は、もし、本格的に実施されたら効果があるかもしれません。現在、キャッシュレス支払いの規模は年間七〇兆円近く、これに「五％還元」したら、三・五兆円にもなるからです。しかし、実際には、「対象を中小商店に限る」、「コンビニなどのフランチャイズ（ＦＣ）店は二％とする」などと制限があり、一九年度予算に計上された六カ月分の還元見込み額は一六〇〇億円にすぎません。これでは、増税による消費の落ち込みを防ぐには力不足です。

もっとも、予想に反して利用者が増え、予算を追加する可能性もないとはいえません。しかし、効果があればあったで、別の問題が起きます。ポイント還元の期間（九ヵ月の予定）が過ぎたとたんに消費が落ち込むからです。五％の還元が打ち切られるということは、キャッシュレス決済を多用する人にとっては二％の増税以上に大きな意味を持ちます。結局、消費の落ち込みを九カ月遅らすだけの効果しかないかもしれません。

②新たな混乱を引き起こす

「軽減税率」の導入によって、「リポビタンDは一〇％で、オロナミンCは八％」、「店で食べたら一〇％で、持ち帰れば八％」など、複雑な区分で混乱が予想されています。これに「ポイント還元」が加わると、カードが使える店かどうか、中小商店かどうか、FC店かどうかなどで、還元率が「〇％」、「二％」、「五％」と分かれ、「軽減税率」と組み合わせると、実質的な税率は「三、五、六、八、一〇％」の五段階になってしまいます。

クレジットカードや電子マネーが乱立する中で、店によってどのカードが使えるかは異なります。同じ外食チェーン店でも、店によって違います。どうやって混乱を防ぐのでしょうか。

③不公平をさらに拡大する

「対策」の中には、高所得者に多くの恩恵が及ぶものが少なくありません。例えば、住宅や自動車への減税は、これらを買えるだけの資力のある人にしか適用されません。幼児教育や保育の「無償化」も、もともとの保育料が高かった高所得者への恩恵が大きくなります。

「ポイント還元」も高所得者に有利です。銀座の有名店で高級スーツを仕立てれば五％還元され、青山やAOKIなどのチェーン店で買った安いスーツには還元はつかない。料亭で食事すれば五％還元で、ファミレスでの食事には還元がつかない。観光地の高級老舗旅館の貴賓室での宿泊には五％還元で、全国チェーンのビジネスホテルの宿泊には還元がつかない――高所得者に有利な例が、いくらでもありそうです。

④事業者に新たな負担を強いる

商店などの事業者は「軽減税率」の導入で負担が増えるうえに、さらに「ポイント還元」に参加すれば、新たな負担が増えます。政府は、ポイント還元の費用のほか、カード読み取り機の導入経費や、カード会社に払う手数料についても補助を行うとしていますが、予定の九カ月間が過ぎた後は業者の負担になります。

コンビニなどのチェーン店では、政府の補助がつかない直営店でも「二％還元」をすることを予定していますが、そのコストをどこから捻出するのでしょうか。FC店を含めて負担増になる可能性はないのでしょうか。

このように、政府の「対策」は、まさに「天下の愚策」です。消費の落ち込みを防ぐ「対策」というなら、消費税増税そのものを中止することが一番です。政府の「対策」のひどさについては、第4

章でさらに詳しく見たいと思います。

増税中止の展望は

「増税には反対だが、もう決定されたことだから仕方がない」という意見もあります。しかし、法律で増税が決まっていても、法律さえ変えれば、いくらでも変更は可能です。藤井聡氏は、著書でこう言っています。

「霞ヶ関、永田町界隈では、太陽が東から昇り西に沈むようなものとして、『二〇一九年消費増税』が認識されている……しかし、太陽は確かに何があっても東から昇るものではあるが、消費税は、政治の判断で増税延期も増税凍結することも、さらには逆に『減税』すら、何も難しいことではない。そもそも、消費税を上げるという判断は政治が決めたことなのだから、政治の力で変えられるのは、当たり前だ」

これは、全く正論です。

安倍首相は、過去に二度も増税を延期しました。「二度あることは三度ある」ということわざもありますが、その可能性はあるのでしょうか。

結論からいえば、私は、消費税増税を「延期」に追い込む可能性はあると思います。ただ、安倍首相にとって、「延期」のハードルが、前回以上に高まっていることも事実です。

第一に、日程的な制約があります。前回、一六年に増税の「延期」を決めた時には、増税は翌年度の一七年四月からの予定でした。今回は、増税までの期間が半年も短くなっています。前回は、一六年度予算が国会で審議されている最中に、安倍首相は「延期」の検討を開始していました。一六年度予算には、消費税増税そのものは含まれていなかったから、これが可能だったのです。今度は違います。通常国会に提出される一九年度予算には、一〇月以降の消費税収や、それを財源とした歳出や、「増税対策」のための歳出が含まれています。その予算の審議中に「延期」を口に出したら、予算の根本をひっくり返すことになってしまいます。予算審議はただちにストップし、政府は予算撤回・再提出を迫られることになるでしょう。

第二に、予算成立後に「延期」を言い出すとしても、これは成立したばかりの予算を否定する行為です。「延期」の意図を隠したまま予算を通したということになれば、政府が国民を欺いたことになります。「公約変更」で済む話ではなく、国民の信を問うためには、国会解散・総選挙しかなくなります。衆参ダブル選挙が必至となりますが、与党の公明党はダブル選挙を嫌うので、これには抵抗するかもしれません。

第三に、かりに増税を延期したとしても、幼児教育「無償化」などは延期できるのでしょうか。たとえば、経済的に苦しく、幼稚園は二年保育にしようと思っていた世帯が、「一〇月から無償化される」というので三年保育を選択し、「半年後には無償化されるから」と期待していたとします。増税が延期されたから「無償化も延期」といわれても、いまさら退園させるのも可哀そうで、困ってしまうでしょう。「無償化」などの施策は予定通り実施するとすれば、消費税ではない別の財源を探さなくてはなりません。

第四に、政府の「対策」にもとづいて、「軽減税率」や「ポイント還元」に向けて、事業者は準備を進めることになります。コストをかけて準備した業者は、「延期」と言われれば混乱します。「ポイント還元」に向けてカード会社と新規契約した業者は、「延期した期間のカード手数料を補償しろ」と要求するかもしれません。

このように見ると、「再延期」の可能性はたしかにあるものの、国民が黙って見ていても自然に実現するようなものではありません。「こんな経済情勢のもとで増税していいのか」、「増税は中止すべきだ」という世論と運動を、急速に、かつ大きく広げていくことが重要となっています。

増税中止とあわせて経済政策の転換を

ただ、増税を中止（延期）させれば、それだけで暮らしや経済が良くなるわけではありません。これまでに見てきたように、今の消費不況は「アベノミクス」と消費税増税が相乗的に作用して生じた結果であり、「アベノミクスと消費税増税による複合不況」です。増税中止が最大の景気対策であることはいうまでもありませんが、それだけで問題が解決するわけではありません。

一八年一〇月に行われた日本共産党の第五回中央委員会総会の報告では、消費税一〇％増税の中止とあわせて、「暮らし第一で経済を立て直す五つの改革」を提案しています。その概要は次の通りです。

①賃上げと労働時間の短縮で、働く人の生活を良くする…大企業の内部留保のごく一部を活用すれば、全労連などが掲げている「二万円のベースアップ」は十分可能です。（注）長時間労働の規制、「サー

ビス残業」の根絶、「残業代ゼロ」制度の廃止を強く求めます。中小企業への手厚い支援を行いながら、最低賃金を全国どこでもただちに時給一〇〇〇円に引き上げ、一五〇〇円をめざします。

（注）その後、全労連などは賃上げ要求を「二万五〇〇〇円」に引き上げていますが、これでも十分可能なことは、第2章で示しています。

②子育てと教育の重い負担を軽減する…認可保育所の増設と、それを可能にする保育士確保のため、保育士の待遇を抜本的に改善します。制服代や教材費・給食費などを含めた義務教育の完全無償化を実施します。高等教育の漸進的無償化にむけ、当面、大学授業料を半額にし、給付奨学金を七〇万人に拡充します。

③社会保障の削減をやめ、充実へと転換する…安倍政権下で、ＧＤＰ比が三年連続で低下した社会保障給付を抜本的に拡充します。高すぎる国民健康保険料を、せめて「協会けんぽ並み」に引き下げます。

④日米ＦＴＡ交渉を中止し、経済主権・食料主権を尊重するルールを…日本の経済主権、食料主権を投げ捨て、地域経済に深刻な打撃をもたらす日米ＦＴＡ交渉の中止を求めます。各国の多様な農業の共存、食料主権を尊重するルールを確立することを、強く求めます。

⑤巨額の儲けがころがりこんでいる富裕層と大企業に応分の負担を…子育て・教育や社会保障のために必要な財源は、「アベノミクス」のもとで空前の儲けを得ている富裕層と大企業に応分の負担を求めることによって確保します。

第2章　消費税と「アベノミクス」が消費大不況を引き起こす

二〇一四年四月に行われた消費税率八％への増税が、経済に予想を超えた影響をもたらしたことは、政府も認めています。しかし、その内容は次のようなものです。

「前回の2014年4月の消費税率引上げの際には、消費税率引上げに伴い物価上昇率が大きく高まり、耐久財を中心に個人消費が税率引上げ直前の2014年1－3月期に前期比2％増加した後、引上げ直後の同年4－6月期には4・7％減少するなど駆け込み需要と反動減といった大きな需要変動が生じ、景気の回復力が弱まることとなった。加えて、企業においては、税率引上げ前後で設備稼働率が大きく変動するなど資源の利用に非効率性が生じた」（一八年六月一五日「経済財政運営と改革の基本方針2018」＝いわゆる「骨太の方針」）

つまり、「駆け込み需要と反動減」が予想以上に大きかったことが、景気回復を弱めた原因だというのが政府の認識です。こうした認識をふまえて策定された政府の「対策」も、第4章で詳しく見るように、「駆け込み・反動減」対策が中心となっています。

しかし、消費税増税の影響は、本当に「駆け込み・反動減」だけなのでしょうか。

「駆け込み・反動減」だけでなかった増税の影響

図3は、第1章に掲載したものと同じですが、消費税増税時を含めたこの間の実質家計消費の推移を示したものです。総務省「家計調査」の元のデータは一五年平均を一〇〇とした季節調整値（指数

図３　２人以上世帯の実質家計消費支出の推移

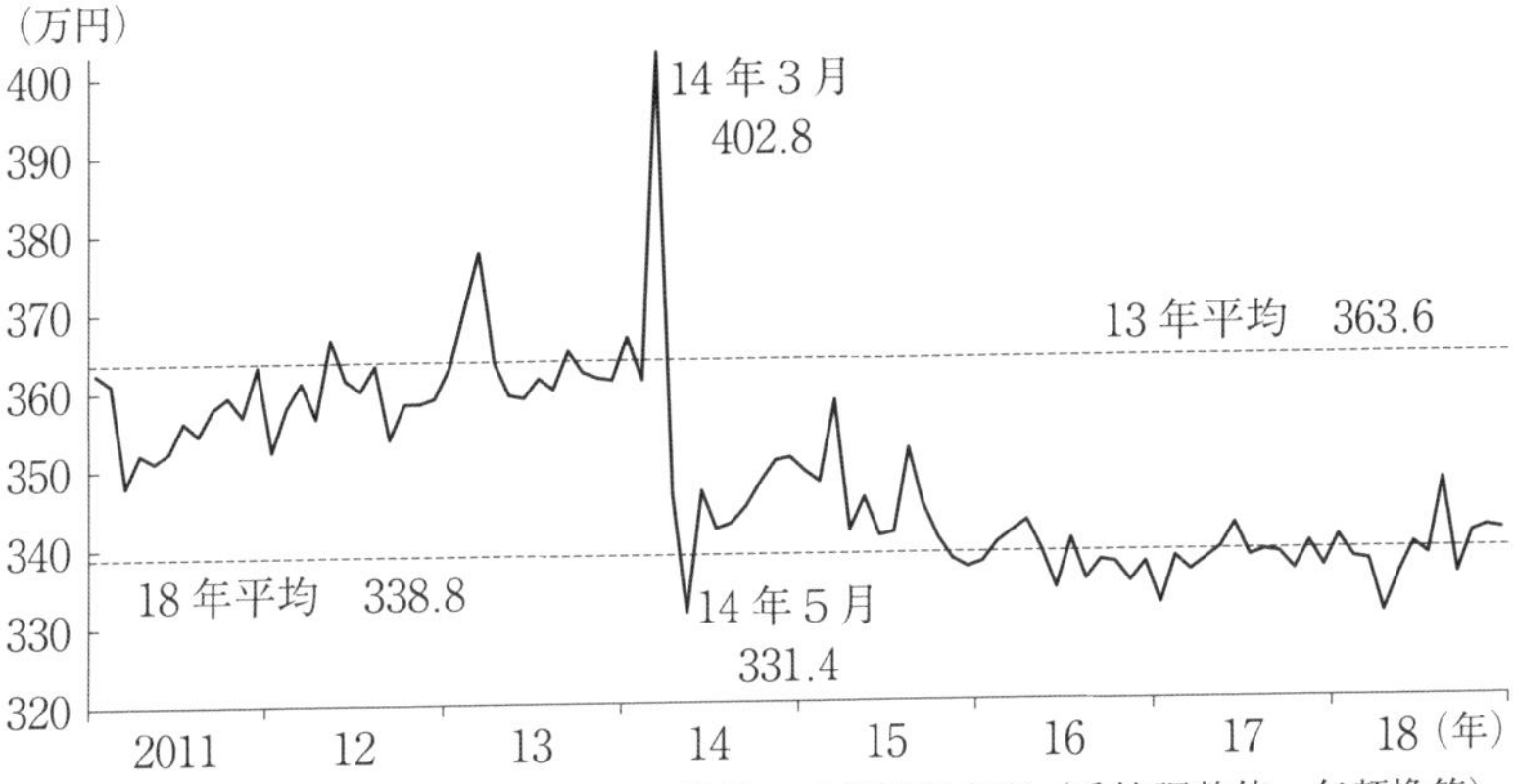

(出所) 総務省「家計調査」、２人以上世帯の実質消費支出（季節調整値、年額換算値）ですが、図は、一五年の名目消費額を乗じて年額換算してあります。

これを見ると、たしかに、増税直前の一四年三月には消費が急増し、増税後の四月には大きく落ち込んでいます。「駆け込み」が起きる以前の一三年の平均値は三六三・六万円でしたが、増税直前の三月には四〇二・八万円まではねあがり、四月には三四六・六万円、さらに五月には三三一・四万円まで落ち込んでいます。四月より五月の落ち込みが大きいのは、公共料金など一部の価格では、増税の影響が出るのが四月ではなく、五月にずれこんだこともあると思われます。三月と五月を比べると、年額ベースで七一・四万円という大変な落ち込みです。

しかし、このグラフで重要なのは、それだけではありません。消費の落ち込みがその後も続いていることです。それどころか、一八年ごろになると、増税直後より消費が低い月もあらわれてきました。増税後五七カ月が過ぎても、増税前の一三年水準を上回った月は一度もありません。一八年の平均値は年額ベースで三三八・八万円となり、一三年に比べて二五万円も低くなっています。毎月二万円以上も生活費を切り詰めていることになります。政府の言うように、消費税の影響が「駆け込みと反動減」だけなら、こんなに長期にわたって消費が冷え込むはずがありません。

多くの研究者は、消費税増税が消費に与える影響には、「駆け込み・反動減」の効果とともに、消費税増税によって物価水準が上がることにより、家計の実質所得が減り、購買力が低下する効果、「所得効果」があると分析しています。この購買力の低下は、その後、賃上げなどによって所得が増えれば解消していきますが、そうでなければ長期に続くことになります。

政府の分析は、「アベノミクスで経済が良くなり、賃金も上がる」ということを前提にしていますから、増税による「所得効果」は長くは続かないという計算になるのです。しかし、実際には「アベノミクス」で賃金はほとんど上がっていません。この結果、消費の冷え込みが長く続いているのです。第1章でも指摘した通り、今の消費大不況は、「アベノミクス」と消費税増税が相乗効果でもたらした「複合不況」と言えます。

世帯当たりの増税額の計算

では、増税によって一世帯当たりどれだけの増税となり、購買力が奪われたのでしょうか。また、一九年一〇月の今度の増税で、どれだけの影響を受けるのでしょうか。

消費税の増税額は一％当たり二・八兆円程度だと見積もられています。日本の人口一・二億人で単純に割れば、税率一%当たり二万円強の増税という計算になります。しかし、これだと、四人家族の場合、三%の増税で二四万円、二%の増税で一六万円ということになってしまいますが、これは過大な計算です。これだけの増税になるためには、消費税がかかる商品やサービスに、年間八〇〇万円の支出を行わなければなりませんが、年収五〇〇万円くらいの平均的な世帯には、年間八〇〇万円の支出は逆立ちしても不可能です。

実は、消費税収の中には、一般の家計が日常生活で行う消費に課税される分に加えて、住宅購入などの一時的な多額の支出に課税される分や、政府や地方自治体が行う公共工事や兵器購入などの支出に課税される分なども含まれているのです。ですから、世帯への消費税の影響を計算するのは、税収を頭割りする方法ではなく、家計調査などのデータから計算する必要があるのです。

表3には、総務省「家計調査」のデータから、世帯当たりの消費税負担額を計算する方法を示しておきました。消費支出から家賃や授業料などの非課税品目分

表3　1世帯当たりの消費税増税額の推計

（単位：万円）

	2013年	2017年
年間消費支出	348.5	339.6
消費税非課税支出計	42.5	39.0
家賃地代	10.7	9.4
保健医療サービス	8.5	8.5
授業料等	10.2	9.9
贈与金（交際費）	13.1	11.2
消費税課税支出［a］	306.1	300.7
消費税負担額［b］	14.6	22.3
5%→8%増税の影響（［b］÷5×3）	8.7	
8%→10%増税の影響（［b］÷8×2）		5.6
「軽減」対象（食料品）		70.4
「軽減」の影響		▲1.3
「軽減」後の増税額		4.3

（出所）総務省「家計調査」、2人以上世帯

（注）消費税負担額［b］は、2013年（5%）は［a］×5/105で、2017年（8%）は［a］×8/108で計算。

を差し引き、これに含まれる消費税や、増税された場合の影響を計算しています。一四年の増税額は一三年データで、一九年一〇月の増税額は一七年データで計算しています。これによれば、一四年の増税では二人以上世帯の平均で八・七万円、今度の増税では食料品の「軽減」税率を考慮すると四・三万円の負担増になることがわかります。

この数字だけを見ると、前回の増税に比べて今度の増税は影響が少ないように見えます。ただ、増税が消費に与える影響は、単純な金額の比較だけでは論じられない面があります。

もう一度、**図3**のグラフを見てください。一四年四月の増税の前は、ゆるやかではありますが、消費が増加していました。これは別に「アベノミクス」の成果というわけではなく、一一年の東日本大震災でいったん落ち込んだ消費が、安倍政権以前を含めて回復に向かっていく過程だったと思います。このように消費が増加傾向にあった時でも、消費税増税によって一気に消費が冷え込んだのです。ところが、今回はというと、グラフを見れば明らかなように、消費は回復するどころか、長期低迷を続けています。こうした時期に、前回より額は少ないとはいえ、家計にとって決して少なくない増税をかければ、消費が冷え込むことは目に見えています。

消費者心理という問題もあります。藤井聡氏は、先ほど紹介した著書の中で、「一〇%」というキリの良い数字は、「八%」と違って誰でも簡単に計算でき、この「わかりやすさ」が、いっそう人々の消費行動にストップをかけると指摘しています。(注) だから、今度の増税は、増税幅は二%で前回より少ないことを考慮してもなお、前回より大きな影響を及ぼすというのです。

(注) 藤井氏は、その証拠として、二〇〇人を対象に実施した「心理実験」の結果を示しています。さま

ざまな税率引き上げのパターンについて購買意欲に関する質問を行ったところ、「八％から一〇％への増税」の心的インパクトが、「五％から八％への増税」の一・四倍もあったとしています。

なお、「さらに、こういうこともあるな」と、私自身、気が付いたことがあります。たとえば、「税込み一万円」という商品があったとします。税率が一〇％だと、「消費税は一〇〇〇円」と計算する人が多いと思います。実際には、消費税は「税込み価格×10／110」ですから、この場合は九〇九円です。九一円も多く、「痛税感」を感じてしまうことになります。これも、心理効果としては大きいのではないでしょうか。

世帯人員調整しても消費冷え込みは明らか

図3のグラフについては、「世帯の平均人員が減っていることも、消費額の低下に影響しているのではないか」という意見もあります。たしかに、家計調査のデータでは、「二人以上世帯」の平均世帯人員は、一三年には三・〇五人だったのが、一七年には二・九八人に減っています。世帯の人数が減れば消費額は減ることは間違いありません。しかし、その影響だけでは、これほどの消費の落ち込みは説明できません。

図4は、家計調査のデータの一つとして公表されてきた、「消費水準指数」を年額換算したものです。「消費水準指数」は、世帯の毎月の消費支出から、世帯人員、世帯主の年齢、一カ月の日数、物

図４　消費水準指数の推移

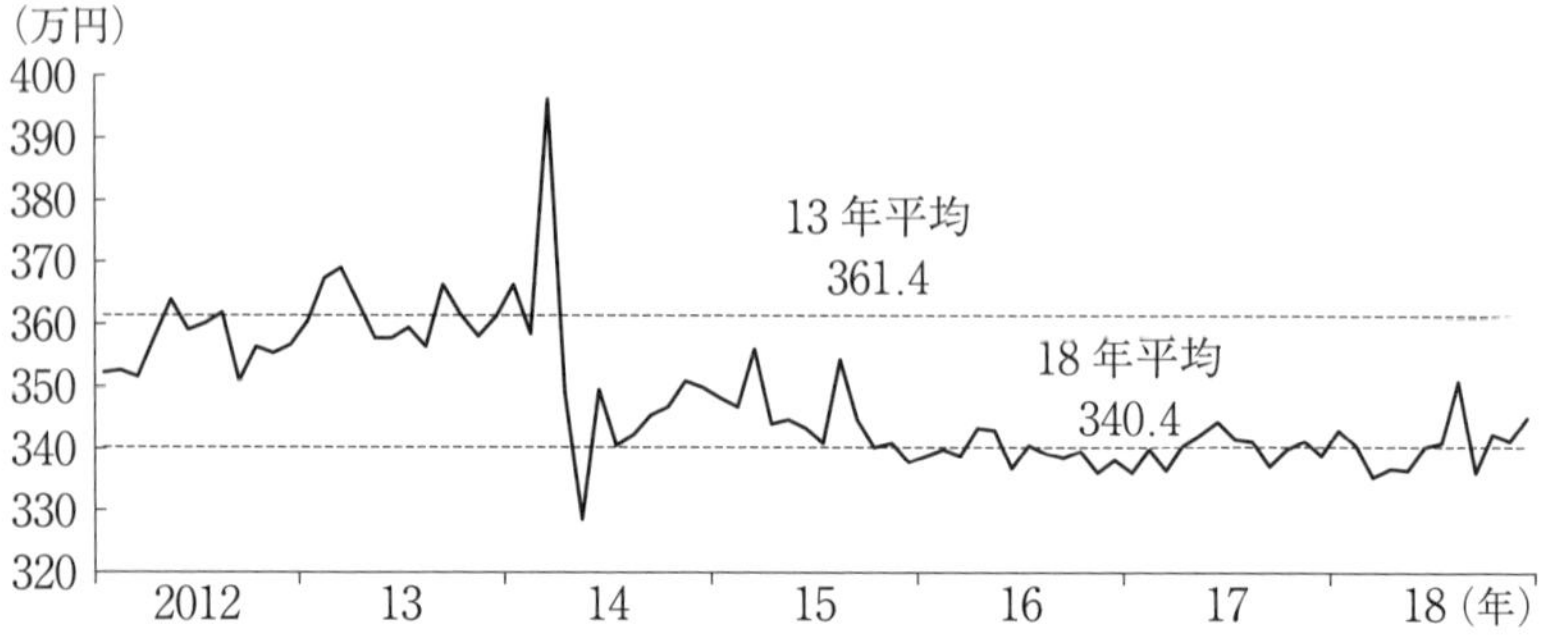

（出所）総務省「家計調査」、２人以上世帯の季節調整済消費水準指数（15 年平均＝100）を年額に換算

（注）消費水準指数とは、消費支出から物価水準、世帯人員、世帯主年齢などの影響を除いた値。

価水準の変動の影響を取り除いて計算したものだとされています。つまり、このデータならば、世帯人員の減少の影響を除いて、より正確に消費税増税の影響がわかるということになります。(注)この結果を**図3**と比べても、形はほとんど変わりません。一八年の平均値は、一三年平均に比べて二一万円も落ち込んでいます。ほぼ月二万円切り詰めていることは、変わりないのです。

（注）残念なことに、総務省は、この「消費水準指数」の公表を、一八年一二月分までで終了してしまいました。このため、今後は世帯人員の減少の影響を除いた推計ができなくなりますが、大きな違いがないことは、二つの図を比べて理解できると思います。

GDPベースで見ても消費の冷え込みは明らか

第1章でも紹介しましたが、一八年一〇月三一日の衆院本会議で、日本共産党の志位和夫委員長が、家計消費の落ち込みについて指摘したところ、安倍首相は次のように答

表4　GDPベースの消費支出の推移

（単位：兆円）

	民間最終消費支出	家計最終消費支出			
			帰属家賃	帰属家賃を除く	（参考）帰属家賃（名目）
13年平均	299.1	291.7	50.7	241.0	49.60
17年10－12月	299.2	291.3	53.4	237.8	49.98
18年１－３月	298.3	290.3	53.6	236.8	50.00
４－６月	300.5	292.4	53.7	238.6	50.02
７－９月	299.9	291.8	53.9	237.9	50.04

（出所）内閣府「18年７－９月GDP二次速報」、季節調整済実質、年額換算
（注）民間最終消費支出は、家計のほか、私立学校など非営利団体の消費を含む。

弁しました。

「消費は、一国全体を捉えるＧＤＰベースで見て、実質で二〇一六年以降、前期比プラス傾向で推移し、二〇一三年の水準を上回るなど、持ち直しています」

個々の世帯当たりでは消費が落ち込んでいても、日本全体で見れば持ち直しているというのです。これは、安倍首相お得意の手法です。以前にも、労働者の賃金が減っている問題を追及されて、「総雇用者所得は増えている」と反論したことがあります。「総雇用者所得」というのは、雇用者全体の賃金の合計ですから、個々人の賃金が減っても、雇用者数が増えれば増加する場合もあります。しかし、一人ひとりの労働者は「総雇用者所得」で生活しているわけではなく、自分の賃金だけで生活しているのですから、安倍首相の反論は反論になっていません。一八年の流行語になった「ごはん論法」の類といえます。

ただ、消費については、安倍首相の反論は「ごはん論法」だけにとどまらない、詐欺的なものです。**表4**が、安倍首相のいうＧＤＰベースの消費の推移です。国民経済計算における「個人消費」（正式には「民間最終消費支出」）には、私立学校などの民間非

営利団体の消費も含まれており、これを除いたのが「家計最終消費支出」です。どちらのデータも、安倍首相のいうように、最近では一三年水準を回復してきています。

しかし、この二つのデータには、「持ち家の帰属家賃」(注)が含まれています。持ち家の多い日本では、この帰属家賃が五〇兆円を超え、GDPベースの消費をかさ上げしています。持ち家が増えれば帰属家賃も増えますが、空き家はカウントされないため、名目では微増です。ところが、最近は消費税増税の影響を含めて物価が上昇しているのに、住宅家賃は消費税非課税のうえ、空き家の増加もあって逆に低下しているため、実質ベースの帰属家賃は大きく増えています。これが、安倍首相のいう「消費回復」の要因になっているのです。

(注) 帰属家賃とは、各国の経済規模を比較する上での便宜的手段として、持ち家について、その居住者が「店子」として、「家主」としての自分に家賃を払っているものと仮定して計算された、架空の「家賃」のこと。その分だけ、消費やGDP、家計部門の所得などがかさ上げされることになります。

「帰属家賃を除く家計最終消費支出」で比べると、まだ一三年平均より二兆~三兆円も落ち込んだままであることがわかります。「帰属家賃」は架空の消費にすぎず、これが増えても、商店の売り上げは一円も増えません。こんなデータを使って「消費は回復した」などといって国民を欺くことは許されません。(注)

(注) 一九年二月一二日に志位委員長が衆院予算委員会で再度この点を質問し、安倍首相は、消費が一三年水準を回復していないことを認めざるを得ませんでした。

「トリクルダウン」政策の誤りが、消費を冷え込ませた

先ほど計算したように、一四年の消費税増税の影響は、二人以上世帯の平均で年間八・七万円です。ところが、**図3**、**図4**で示したように、二人以上世帯の年間消費の落ち込みは二五万円、世帯人員の減少効果を除いても二一万円もあります。これは、増税による「所得効果」だけでは説明がつきません。増税の影響以上に消費は冷え込んでいます。

この原因としては、「アベノミクス」のもとで賃金が増えず、家計の所得が伸びないことと、次の増税や社会保障の改悪などの将来不安から家計が節約に走っていることなどが考えられます。

「アベノミクス」とは、第1章で指摘したように、大企業を儲けさせれば、それが国民に滴り落ちて来るという、典型的な「トリクルダウン」政策でした。しかし、それは完全に失敗しています。**表5**は、財務省の法人企業統計によって、資本金一〇億円以上の大企業の利益と、従業員の給与総額、一人当たり給与などの推移を見たものです。一二年度から一七年度までの五年間で、経常利益は一・六倍、当期純利益は二・三倍にも増えました。ところが、従業員の給与は二・七%しか増えていません。この間に消費者物価（帰属家賃を除く）は六%近くも上がっていますから、実質賃金は三・一%もマイナスです。一方、役員報酬は一二・九%も増加しています。

安倍首相は、「賃上げは五年連続で今世紀に入って最も高い水準」などと言っています（注）。しかし、この「賃上げ」とは、定期昇給を含むものですから、給与ベースが上がっているわけではありませ

表5　大企業の従業員給与などの推移

年度	経常利益（兆円）	当期純利益（兆円）	従業員数（万人）	給与総額（億円）	1人当り年収（万円）	消費者物価指数	実質賃金年収（万円）	1人当り役員報酬（万円）
2012	35.9	19.5	842.2	471,787	560.2	95.2	588.5	1,711
2013	46.8	31.4	850.2	479,598	564.1	96.3	585.8	1,751
2014	50.3	33.5	859.1	489,392	569.6	99.7	571.4	1,803
2015	51.7	33.7	867.9	492,837	567.9	100.0	567.9	1,827
2016	52.8	36.9	843.0	489,369	580.5	100.0	580.5	1,870
2017	57.6	44.9	872.9	502,033	575.1	100.9	570.0	1,931
12→17	21.6	25.4	30.8	30,246	14.9		▲ 18.5	220
増減率（%）	60.2	130.7	3.7	6.4	2.7		▲ 3.1	12.9

（出所）財務省「法人企業統計」、資本金10億円以上（金融・保険業を含む）、消費者物価指数は総務省データ（帰属家賃を除く総合、2015年＝100）

ん。従業員全体の平均値は、大企業でも実質マイナスの水準なのです。「トリクルダウン」政策の完全な失敗です。

（注）一八年一〇月三一日、参議院本会議での答弁。このデータは、連合の春季労使交渉の集計結果ですが、定期昇給を含むうえに名目額のデータです。前年の物価上昇分を割り引いた値を「実質賃上げ率」と考えて、これを計算すると、とても「高い水準」などとはいえません。消費税増税で前年に物価が上昇した一五年の実質賃上げ率はマイナス一・一％で、「今世紀最高」どころか、まったく逆の「今世紀に入って初めての実質賃下げ」でした。最近五年間の実質賃上げ率の平均値は一・〇一％で、「今世紀に入って最低」となっています。

大儲けしている大企業の社員でさえ、この状況ですから、中小企業の社員や、パート労働者も含めた実質賃金は、さらにマイナスです。**図5**は、厚生労働省の「毎月勤労統計」の実質賃金指数のデータをもとに年収換算したものですが、安倍政権になる前の一二年平均と比べる

と、一八年の平均では、一四万円ものマイナスになっています。[注]

（注）一八年一二月に、厚生労働省が「毎月勤労統計」のデータを偽造していたことが判明しました。大企業のデータに集計漏れがあり、この事実を伏せたまま、一八年一月分からこっそり補正をしたため、一八年の前年比データが実際より高くなってしまいました。この点については、厚生労働省は再集計を行いましたが、不正とは別に、一八年一月から集計方法が変更されたことによるかさ上げも指摘されており、実質賃金の落ち込みはさらに大きい可能性があります。

図５　実質賃金の推移

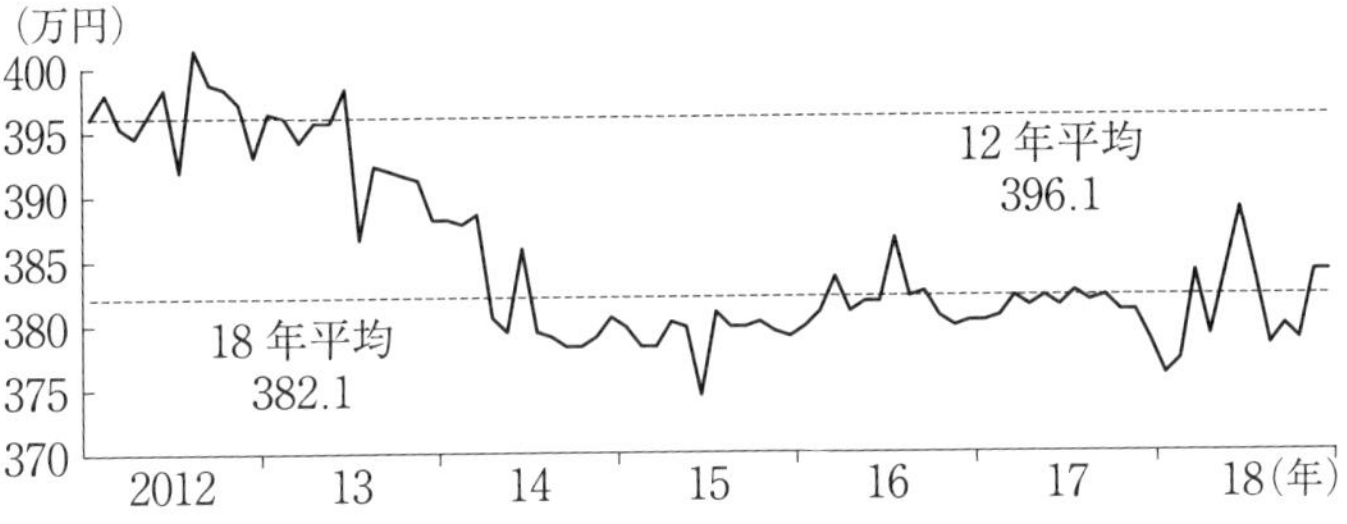

（出所）厚生労働省「毎月勤労統計」
（注）季節調整済実質賃金指数（従業員５人以上事業所、パート含む、現金給与総額）データを年収に換算。

「アベノミクスで雇用が増えた」というが

安倍首相は、「アベノミクス」で雇用が増え、その結果として、日本全体でみた総雇用者所得は、名目でも実質でも増えたといいます。「総雇用者所得」というのは、平均賃金に雇用者総数をかけて計算したものです。[注] 平均賃金は前述のように実質ではマイナスですから、実質総雇用者所得が増えているというのは、ひとえに雇用者数が増えたからにほかなりません。

（注）「総雇用者所得」というのは、安倍政権以前にはなかった用

表6　雇用者数の推移

	就業者数（万人）						
		15 ～ 24歳		25～64歳	65歳以上		
			うち学生			70～74歳	75歳以上
2012年平均	6,271	469	113	5,195	607	175	128
2018年平均	6,655	558	182	5,234	863	250	171
増減	384	89	69	39	256	75	43

	役員を除く雇用者数（万人）			非正規比率（％）
		正規	非正規	
2012年平均	5,161	3,345	1,816	35.2
2018年平均	5,596	3,476	2,120	37.9
増減	435	131	304	2.7

（出所）総務省「労働力調査」詳細集計（19年２月15日公表）による

語で、安倍政権になってから、内閣府が毎月計算し、その伸び率を政府の月例経済報告に記載するようになりました。

　実際、安倍首相は「一二年から一八年の六年間で就業者が三八〇万人も増えた」ということをもって、「所得環境が改善した」としています。しかし、その三八〇万人の内容は**表6**のようになっています。一つは、六五歳以上の高齢の就業者が二五六万人も増えていることです。「年金だけでは暮らせない」「老後の不安があるから」ということで、高齢になっても働き続ける人が増えているのです。しかも、そのうち一一八万人は七〇歳以上で、うち四三万人は七五歳以上です。もう一つは、一五～二四歳の就労者が八九万人増えていて、そのうち六九万人は学生だということです。高い授業料、親の仕送りも減って、奨学金も将来の返済が不安だということで、授業中もアルバイトする学生が増えているのです。

　安倍首相は、高齢者や学生が働かざるを得ない状況が「所得環境の改善」だというのでしょうか。日本共産党の志位委員長が衆院予算委員会の質問（二月一二日）でこの点をただしたのに対して、安倍首相は、まったく反論できませんでした。

安倍首相は「正社員が増えた」ともいいます。しかし、この六年間に増加した雇用者四三五万人のうち、三〇四万人は非正規です。雇用者数に占める非正規の比率は三七・九％に達し、現在の集計が始まった二〇〇二年以来最高となっています。

なお、労働力調査は外国人労働者も調査対象に含まれています。労働力調査の集計結果には国籍区分はありませんが、別の調査（外国人を雇用する事業所からの厚生労働省への届け出）によれば、この六年間に外国人労働者は七七・八万人も増えています。うち二〇・六万人は留学生の増加です。

大企業が儲けても「トリクルダウン」しないのは

大企業は空前の儲けを上げているのに、なぜ賃金には反映しないのでしょうか。もともと、賃金は労使の交渉で決まるものであり、労働者のたたかいなしに、企業の儲けが増えたからといって、自動的に「トリクルダウン」が起きると考えること自体が間違いです。

さらに、大企業が儲けているといっても、その内容が問題です。法人企業統計によれば、大企業（金融・保険業を除く）の売上高は、一二年度が五三五兆円、一七年度が五六九兆円です。増えてはいますが、増加率は六・四％にすぎません。この間に物価が六％近く増えていることを考えると、実質では横ばいということになります。もっとも、国民の消費が増えていないのですから、企業の売り上げだけが伸びるわけもありません。

図６　自動車生産・輸出台数の推移

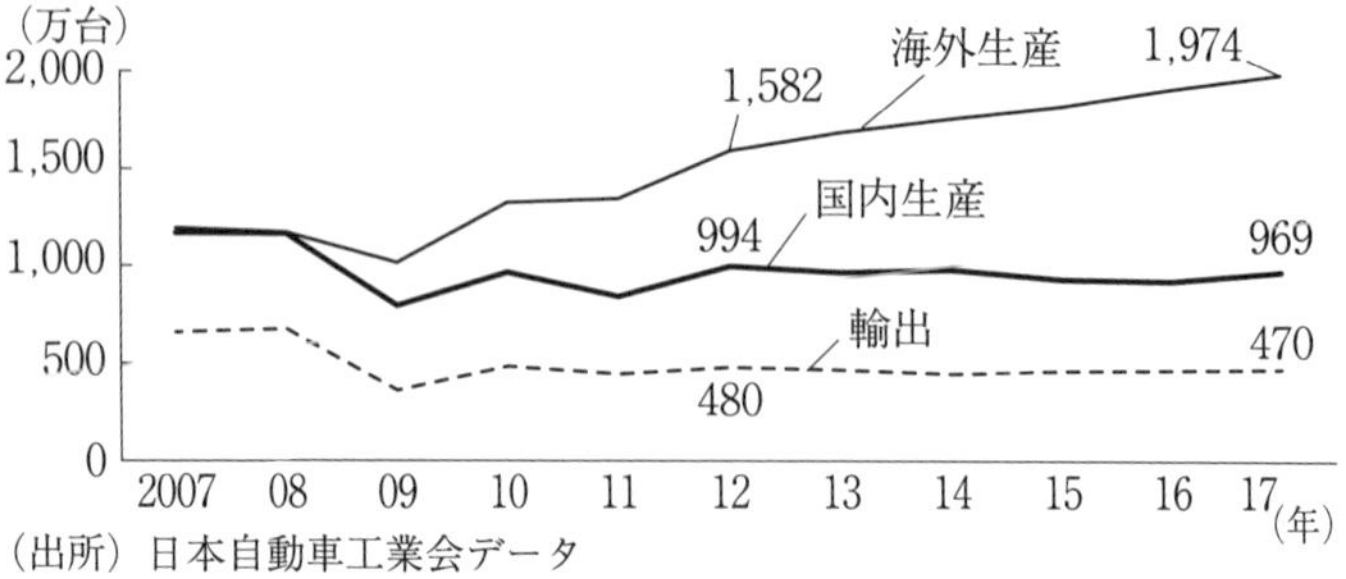

（出所）日本自動車工業会データ
（注）４輪車（軽自動車、バス、トラックを含む）、グラフ中の数字は、2012年と17年の値。

問題は、売り上げが伸びないのに利益だけは急増している、その理由は何かということです。その理由として、①活発な外需、②円安、③コスト削減、そして④大企業減税という四つの点があげられると思います。しかし、このいずれもが、国内経済にプラスに働いているとはいえません。

①活発な外需

〇八年のリーマン・ショックで世界経済は全体として大きく落ち込みましたが、その後回復し、安倍政権になってからの五年間は、全体として好調な成長が続きました。とくに、アメリカや中国、さらにインドやインドネシアなど、人口の多い途上国が高い経済成長を続けました。一三〜一七年の五年間の平均実質成長率はアメリカが二・二％、中国が七・二％（ただし、一六年までの平均）、インドが七・一％、インドネシアが五・一％でした。日本の成長率が一・三％にとどまったのと比べると、非常に高い伸びだったことがわかります。こうした活発な外需が、大企業の儲けの要因だったことは明らかです。

ただ、この外需が輸出の増加につながれば、それは国内経済にプラスに働きますが、必ずしも輸出が増えたわけではありません。図6は、自動車産業の生産・輸出台数の推移を示すグラフです。これを見ると、一二年以降、国内生産や輸出は横ばい（微減）なのに対して、海外生産は大きく伸びています。アメリカや中国の外需は海外生産の増加を通じて大企業の利益には貢献しましたが、日本の国内経済の成長にはほとんどつながっていないのです。

図7　円・ドル為替レートの推移

（注）毎月の終値ベース、18年12月末まで。

②円安

図7のように、安倍政権以前は一ドル＝八〇円前後で推移していた為替レートが、大きく円安に動き、一時は一二〇円になりました。現在も一一〇円前後で推移しています。もともと、安倍政権以前の円高は、ヨーロッパの財政危機などを嫌って逃げ出した投機マネーが「安全資産」として円買いを進めたことが大きな原因でした。ヨーロッパの危機が一段落し、円安に向かうのは当然だったのですが、「異次元金融緩和」で大量の「円」が市場に供給されたことが、円安に拍車をかける効果をもたらしました。

ただ、この円安も、国内の実体経済を良くすることにはなっていません。昔は「円安になると価格競争力が高まって、輸出が増える」と言われましたが、最近は、円安になったからといって輸出が大きく増えるわけではなく、前述のように海外生産が増えています。

しかし、海外生産で儲けた場合にも、円安は利益につながります。たとえば、海外生産で一億ドルの利益を上げた場合、一ドル＝八〇円では八〇億円にしかなりませんが、一ドル＝一一〇円ならば一一〇億円になります。これが大企業の利益を押し上げました。

円安は、海外からの旅行者の増加につながったという面はあります。デパートなどが、国内消費の落ち込みの一部を、海外旅行者の消費（インバウンド消費）で補ってきたのはたしかです。しかし、国内消費全体の落ち込みを埋め合わせるほどのものではありません。

むしろ、国民にとっては、円安によって輸入原料価格などが上昇し、物価を押し上げ、消費を縮小させました。一四年四月の消費税増税時には、前年の円安で上昇した原料コストが消費税に便乗して価格に転嫁され、増税分以上に物価を押し上げ、消費を冷え込ませた可能性もあります。

③コスト削減

生産・流通などのコスト削減も、大企業の利益を押し上げた要因です。トヨタ自動車は、一七年度に二兆三九九八億円の営業利益を上げました。これは前年度に比べて四〇五四億円の増加です。同社の決算説明会の資料によれば、**図8**のように、営業利益の増加要因の第一は「為替変動の影響」二六五〇億円で、それに次いで「原価改善の努力」一六五〇億円をあげています。「原価改善」といえば聞こえがいいですが、要するにコスト削減です。下請け単価を切り下げたりしたということでしょう。さらに「諸経費の減少ほか」に六〇〇億円をあげていますが、この中には「労務費」の減少七五

図８　トヨタ自動車の営業利益の増減要因

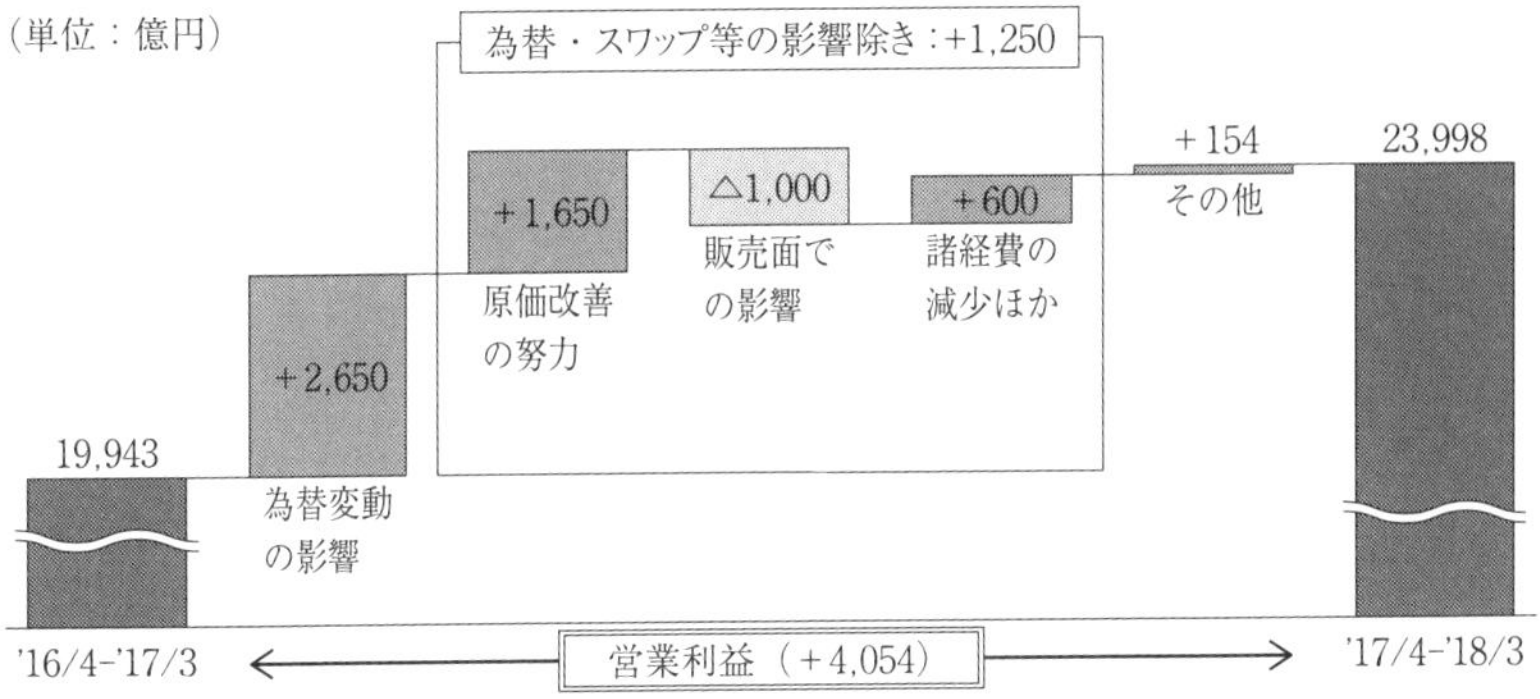

(出所) トヨタ自動車の17年度決算説明会資料

○億円が含まれているとしています。

一八年、日産自動車のカルロス・ゴーン会長が有価証券報告書への役員報酬虚偽記載の容疑で逮捕された事件は、大きな衝撃を呼びました。彼がカリスマ経営者と呼ばれるようになったのは、傾いた日産の経営を、大胆なリストラで立て直したからでした。その陰では、リストラされた多くの社員や、下請け企業の苦難がありました。しかし、このゴーン氏の「成功」体験が、コスト削減で利益を上げることを評価する風潮を広げたのは明らかです。しかし、こうした強引なコスト削減は、企業の一時的な利益につながったとしても、国民経済全体から見ればマイナスです。しかも、優秀な技術者を失い、技術やノウハウの継承も妨げるなど、長い目で見れば、企業自身にとってもマイナスかもしれません。

④大企業減税

第1章でもふれたように、安倍政権は大企業に合計四兆円もの減税を実施しました（**表7**）。法人税率の引き下げに加えて、地方税である法人事業税の所得割の税率を引き下げ、この

表７　安倍内閣が行った大企業減税

減税の内容	実効税率の変化	減税規模
復興特別法人税の廃止（14年度）	37.00％→34.62％	1.2兆円
税率引き下げ（15年度）	34.62％→32.11％	1.2兆円
税率引き下げ（16・18年度）	32.11％→29.74％	1.2兆円
投資減税・研究開発減税・その他		0.5兆円
合計		約４兆円

（注）税率引き下げには、法人税のほか法人事業税所得割の税率を含む。

結果、法人住民税を含めた法定実効税率[注1]は、安倍政権発足時の三七％から、二九・七四％まで引き下げられました。これは、日本経団連が二〇一三年に「法人実効税率を最終的にはアジア近隣諸国並みの約二五％まで引き下げる」[注2]ことを要求したのを受けて、一四年の「骨太の方針」と「新成長戦略」[注3]で「数年で法人実効税率を二〇％台まで引き下げることを目指す」とした方針に沿ったものです。

（注１）法定実効税率とは、法人税、法人住民税、法人事業税の、いわゆる「法人三税」の合計額の利益に対する割合で、法人所得の計算上、法人事業税額が損金算入され、利益から差し引いて計算される効果を加味したものです。

（注２）日本経団連「日本再興戦略に基づく税制措置に関する提言」（一三年七月一〇日）。

（注３）正式名称は「『日本再興戦略』改訂２０１４－未来への挑戦－」。

こうした減税の結果、大企業の税負担率は大きく低下しました。「日経」の集計[注]によれば、上場企業約三五〇〇社の一七年度決算データを集計したところ、連結決算ベースで税引き前利益に対する税負担率が五年前に比べて一九ポイントも下がり、リーマン危機後で最低になったといいます。

（注）「日経」一八年七月一九日付。

なお、この中には、日本の法人税減税だけでなく、アメリカのトランプ減税の影響もあります。アメリカの法人税は最高三五％の累進税率から一律二一％の税率に引き下げられました。実施は一八年一月からのため、一七年度の営業利益そのものには直接の効果はほとんどありません。しかし、将来の税負担が減る効果が、「税効果会計」という企業会計の仕組みによって、一七年度の利益に反映されます。（注）

（注）アメリカでは、自動車はリース販売が主流で、リース収入が入るのは販売後数年かかるため、税負担も繰り延べることができる制度になっており、企業会計上はこの将来の税負担が「繰延税金負債」として計上されています。将来の税率が下がると、この繰延税金負債が減り、それが現在の利益を押し上げることになります。

日本の大企業の一七年度決算では、アメリカの減税の影響だけでも、二兆円の利益押し上げになっているといいます。企業自身の公表データによれば、トランプ減税による利益の押し上げ効果は、トヨタが二一八三億円、日産が二三一八億円、ホンダが三四六一億円となっています。

暮らしあたためてこそ経済成長できる

以上のように、大企業が空前の利益をあげても賃上げなどに回らないのは、「トリクルダウン」理論自体の誤りに加えて、大企業の利益それ自体が、日本経済の好循環とは無関係の四つの要因によるものだからです。

賃上げにもつながらず、法人税収にも回らない大企業の利益は、配当や「自社株買い」などによる株主貢献や、大企業役員報酬の増加に充てられた分以外は、企業内にため込まれ、内部留保となります。法人企業統計の四半期データによれば、図9のように、大企業の内部留保は一八年九月末時点で四四三・四兆円に達しました。安倍政権発足時（一二年一二月末）に比べると、五年九カ月で一二三兆円も増えたことになります。

内部留保が増えることは、必ずしも悪いことではありません。それが新たな設備投資につながれば、新たな雇用を生み、経済の好循環を生み出す可能性もあります。しかし、企業利益が賃上げにつながらず、消費税増税もあいまって消費不況が続いている状況では、国内に投資対象が見いだせず、設備投資も増えません。

実際、大企業（金融・保険業を除く）の資産の推移を見ると、表8のように、設備投資の結果である「有形固定資産」はわずかしか増えておらず、「現金・預金」や「自己株式」が増加しているのがわかります。投資先を見いだせないまま、内部留保が「余剰資金」となっているのです。

経済の好循環を生み出して経済の安定的な成長を実現するためには、消費税増税の中止はもちろんのことですが、「大企業優先」の「アベノミクス」から「暮らし第二」の経済政策への転換が必要です。中でも重要なのは、労働者の賃金を引き上げ、長時間労働をなくすなど、人間らしい働き方を実現することです。

賃上げそのものは、労使の協議で決まるものですが、その前提条件ともなる雇用・労働のルールは政治が決めることです。安倍政権は、一八年も、「残業代ゼロ」法案や、劣悪な労働条件をそのまま

図9　大企業の内部留保の推移（4半期別）

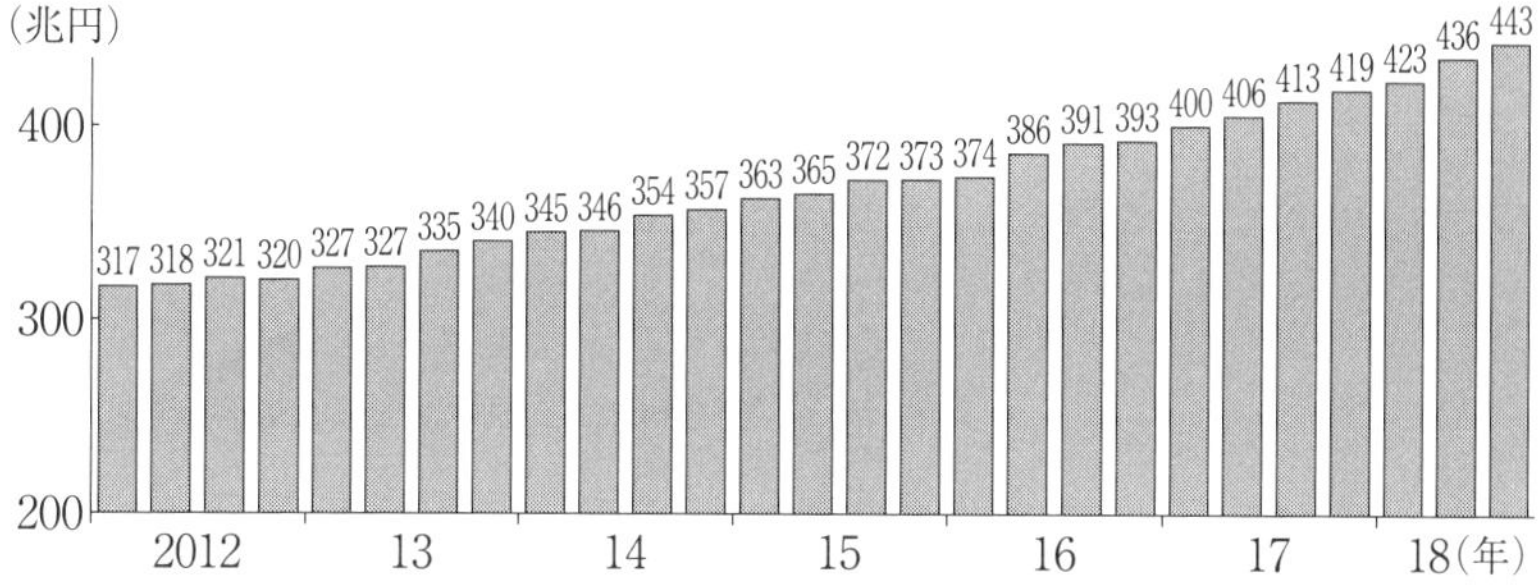

（出所）財務省「法人企業統計」、18年7−9月までのデータ（12月3日発表）
（注）資本金10億円以上の大企業（金融・保険業を含む全業種）。

表8　大企業の資産構成の推移

（単位：兆円）

	現金預金	短期有価証券	自己株式	有形固定資産
2012年10−12月	42.1	14.4	12.0	135.1
2018年7−9月	65.6	10.5	17.8	145.6
増減	23.5	▲3.9	5.9	10.5

（出所）財務省「法人企業統計」
（注）18年7−9月までのデータ（18年12月3日発表）。資本金10億円以上の大企業（金融・保険業を除く）。

にして外国人労働者を拡大する法案など、国内労働者の労働条件悪化につながる制度改悪を次々と行ってきました。こうした流れを転換することが必要です。

大企業の多くは、巨額の内部留保の一部を使うだけでも、大幅な賃上げが可能です。全労連や純中立労組などでつくる国民春闘共闘委員会は、一八年の春闘では「月額二万円以上の賃上げ」の要求を掲げ、一九年はさらに「月額二万五〇〇〇円以上」に引き上げていますが、**表9**のように、大企業の多くは、内部留保の三％程度以内で、この賃上げが可能です。

最低賃金の引き上げは、政治が直接関与できる賃上げの手段です。政府は、一八年の「骨太の方針」で、「最低賃金については、年率三％程度を目途として……引き上げ……全国加重平均が一〇〇〇円になることを目指す」

表9　内部留保を活用した賃上げ可能性

	月２万円の賃上げ		月2.5万円の賃上げ	
	企業数（社）	連結国内従業員数（万人）	企業数（社）	連結国内従業員数（万人）
集計対象企業全体	595	1,127	595	1,127
内部留保の１％で可能	396	558	327	408
１～２％で可能	146	345	178	428
２～３％で可能	35	105	56	119
合計	577	1,007	561	955
割合（％）	97.0	89.4	94.3	84.7

（注）有価証券報告書提出企業（非上場企業を含む。他の企業の連結子会社は除く）で、17年度の連結内部留保1,000億円以上の企業、595社について集計。国内従業員数は、子会社を含む連結従業員数（臨時従業員を含む）から海外従業員（一部は推計）を差し引いて計算。

図10　最低賃金時給額の推移

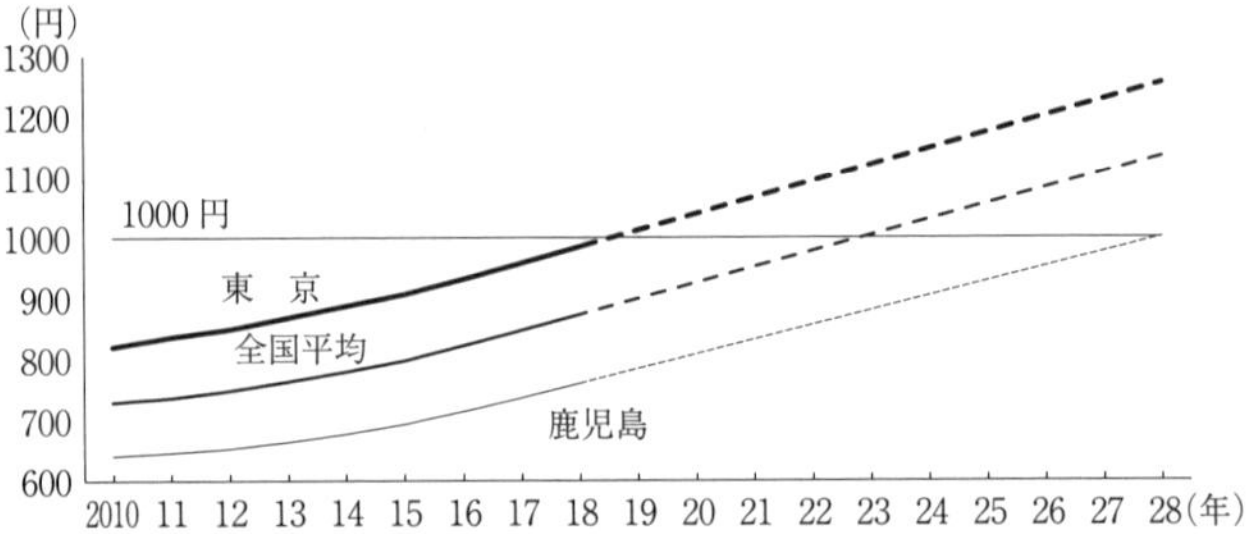

（注）実線（18年まで）は実績、破線は18年の増額ペースを単純延長した推計値。

としています。最低賃金は、**図10**のように徐々に増えており、東京などでは一〇〇〇円に近づきつつありますが、地方との格差はむしろ広がっています。今のペースでは、全国加重平均が一〇〇〇円になるのは二三年ごろ、現在最低の鹿児島県は、二八年ごろになってしまいます。「地方は物価が安いから」といいますが、地方では自動車が生活必需品であるなど、生活費に大きな差はありません。最低賃金の格差は、地方から都市部への人口流出の大きな原因になっています。全国的にただちに一〇〇〇円に引き上げ、さらに一五〇〇円をめざすことが必要です。その際、中小企業に対しては、国の支援を抜本的に強化することが必要です。

第3章　消費税と「アベノミクス」が格差と貧困を広げる

消費税の問題点として「格差と貧困を広げる」ということを第1章で指摘しましたが、この点でも「アベノミクス」と消費税増税が相乗的な影響を及ぼしていると言わなければなりません。第一に見ておく必要があるのは、「アベノミクス」が株価対策を最重要課題としてきたことが、格差の拡大をもたらしていることです。

株価引き上げに政策総動員

安倍首相が経済指標の中で「株価」を最重視してきたことは、第1章でも指摘しましたが、実際、「アベノミクス」の主な施策のほとんどは、直接間接に「株価」への対策となっています（図11）。

たとえば、日銀の「異次元金融緩和」は、株価を直接の目標としてはあげていませんが、日銀が市中に大量のマネーを供給したことは、結果的には株価の上昇をもたらしました。

一つには、日銀がいくら大量のマネーを供給しても、国内に新たな投資先となる事業分野がなければ、行き先を失ったマネーは株式や土地などの資産市場に流れ込むことになります。ただ、日本ではバブル崩壊の痛い記憶が残っているため、不動産投機には流れにくく、まずは株式市場に流れ込むことになります。

また、金融緩和で金利が低下すると、債券利回りに比べて株式配当利回りの方が有利になります。利回りが同じ水準になるように市場での調整が働き、株価上昇につながります。

図11　安倍政権の株価対策

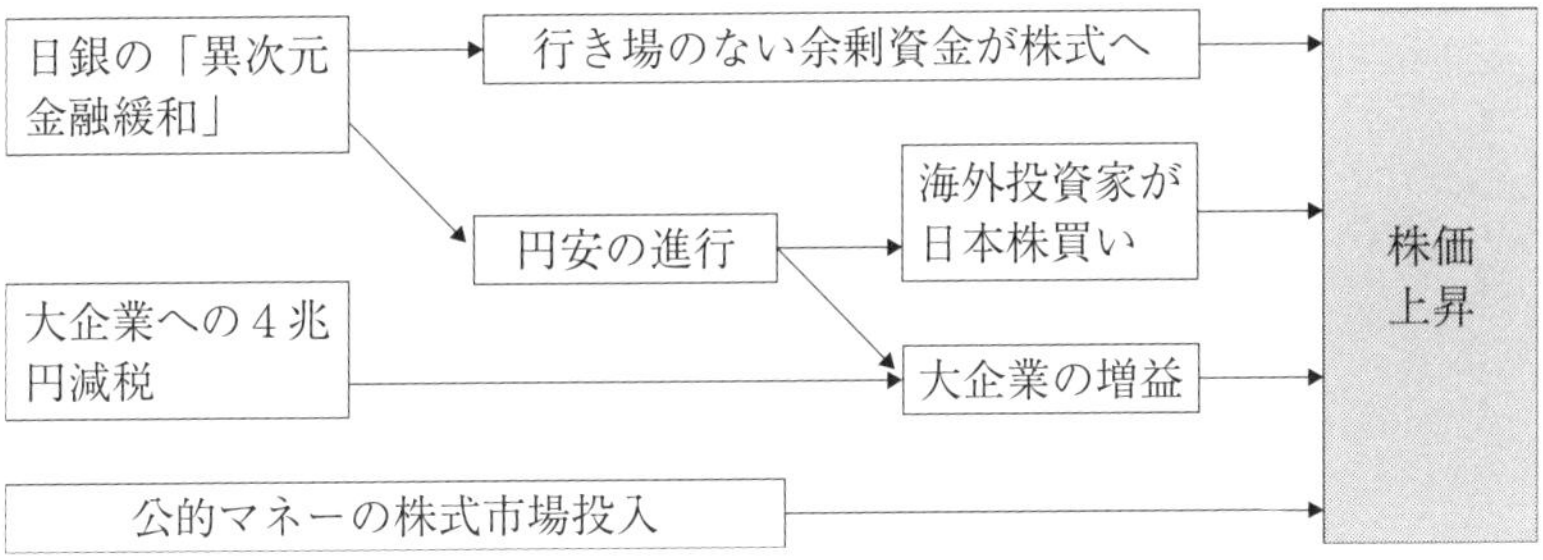

さらに、円が大量に供給されることで、円安傾向に拍車がかかります。すると、ドル換算した場合の日本株式は「割安」となり、外国人投資家の「買い」が増えます。これも株価を引き上げます。

最後に、以上のような動きが予想されることから、「値上がりする前に買っておこう」という投資家心理が働き、日銀が資金供給を始める前から、株価が上がることになります。日銀が考えたような「インフレ期待」による物価上昇は起きませんでしたが、株式市場では「インフレ期待」が見事に作用したのです。

円安に加えて、法人税の減税で大企業の利益が増えたことも、株価上昇につながりました。企業の利益が増えれば株主への配当が増え、それが株価上昇につながります。それだけではありません。大企業は利益の一部を使って、大量の「自社株買い」を行いました。市場に出回る株式数が減れば、一株当たりの価値が増加し、株価が上がります。

公的年金の積立金も投入

安倍首相は、さらに露骨な株価対策として、公的年金の積立金や、日本銀行など「公的マネー」を使った株価引き上げを行いました。

厚生年金や国民年金は、原則は「賦課方式」といって、その年に必要な年金給付の財源を、その年の保険料収入で賄う仕組みになっています（ただし、基礎年金部分の二分の一は、公費＝税財源で賄われます）。ただ、将来、年金受給者が増えると、現役世代の保険料負担では不足してしまうという理由から、保険料の一部を積み立てておき、将来の年金給付に充てることになっています。二〇一八年九月末時点で、この積立金は一七〇兆円近くになっています。(注)

（注）このほかに公務員や私学などの共済年金の積立金があり、これらを合わせた年金積立金の総額は二二〇兆円以上になっています。

年金積立金は、かつては財政投融資制度の中で運用されてきましたが、現在は、一部を除いて、「年金積立金管理運用独立行政法人（ＧＰＩＦ）」に預けられ、運用されています。(注) 債券や株式など、運用資産別の構成比を「ポートフォリオ」といいますが、**表10**のように、安倍政権以前は、国債などの元本保証のある債券での運用が多くを占めていました。

（注）ＧＰＩＦは、〇六年四月に設立され、それまで「年金資金運用基金」が管理・運用していた積立金を引き継ぎました。「ＧＰＩＦ」は、英語名の「Government Pension Investment Fund」の略称ですが、「投資」を意味する「Investment」が使われており、日本語の名称とは印象が違います。

表10　年金積立金の基本ポートフォリオの推移

	国内債券	国内株式	外国債券	外国株式	短期資産
～13年６月６日	67% ±8%	11% ±6%	8% ±5%	9% ±5%	5%
13年６月７日～ 14年10月30日	60% ±8%	12% ±6%	11% ±5%	12% ±5%	5%
14年10月31日～	35% ±10%	25% ±9%	15% ±4%	25% ±9%	

安倍政権一年目の一三年六月に、株式の割合が一％引き上げられました。さらに、安倍政権は株式運用比率の大幅な引き上げを検討し、その方針を一四年の「新成長戦略」にも明記しました。実際に株式比率が引き上げられたのは一四年の一〇月末、それまで一二％だったのを二五％と、倍以上に引き上げたのです。外国株式の比率も同様に引き上げられました。

この結果、GPIFの国内株式での運用額は、安倍政権発足時（一二年一二月末）には一四兆四五九八億円だったのが、一八年九月末には四三兆五六四六億円にまで膨れ上がりました。実に、三倍にもなったのです。

「アベノミクス」の初期には、株価高騰の原動力は海外投資家の「買い」でした。東京証券取引所のデータによれば、一三年の一年間を通じて、国内個人株主は八・七兆円の「売り越し」（「売り」の方が「買い」より多い）、国内法人も四・七兆円の「売り越し」でしたが、海外投資家は一五・一兆円もの「買い越し」でした。国内投資家が手放した株を、すべて海外投資家が吸収したことになります。

ところが、一四年以降は、海外投資家の勢いが鈍ってきます。一四年はそれでも〇・八兆円の「買い越し」でしたが、一五年は〇・二兆円、一六年は三・七兆円もの「売り越し」に転じます。こうした中で、海外投資家に代わってGPIFが株を買い、株価を支える役割を果たしました。

日銀マネーも総動員

しかし、ポートフォリオの上限に達してしまえば、GPIFはそれ以上買えません。そこで、リ

図12　日本銀行の毎月のETF購入額の推移

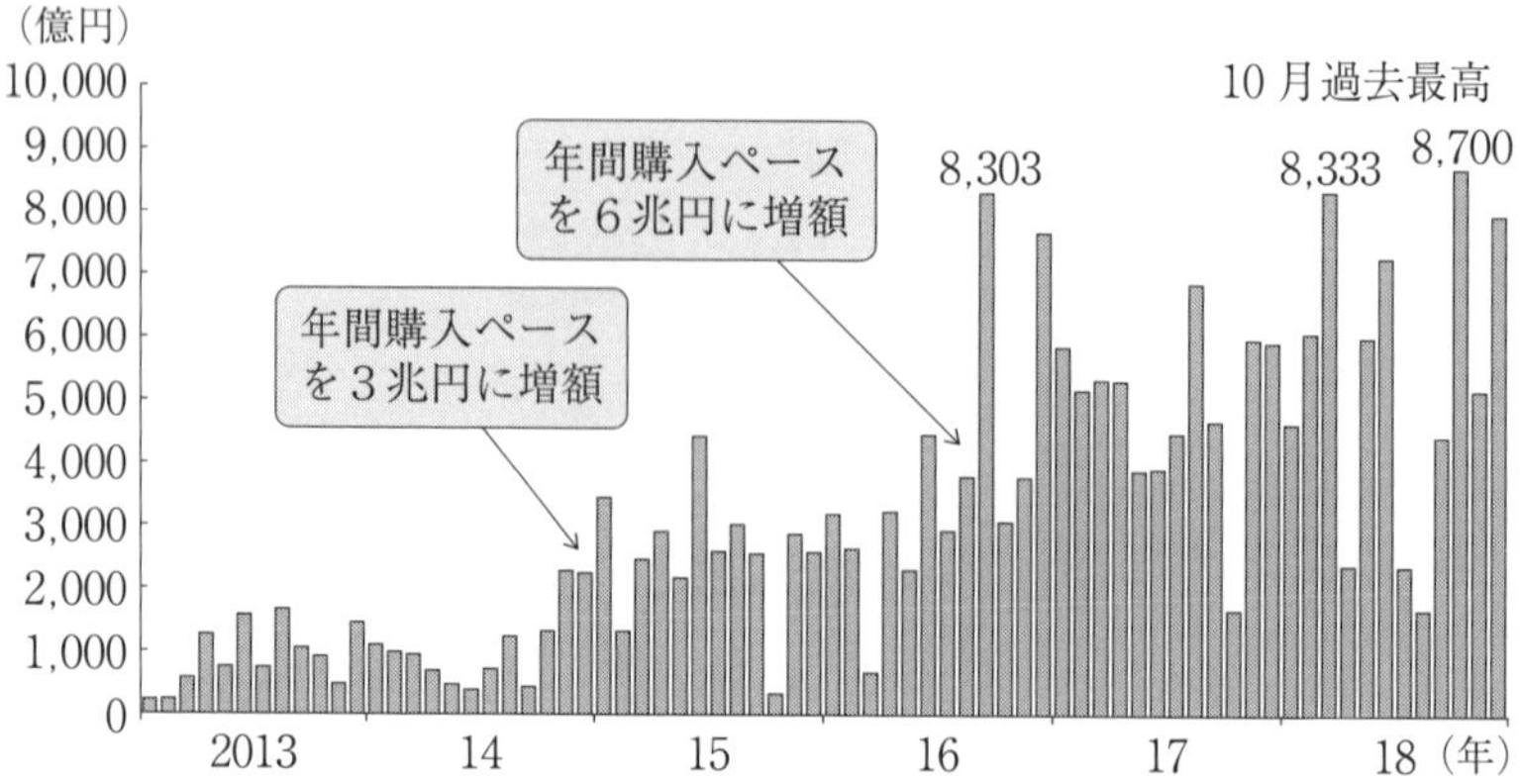

（出所）日本銀行ホームページの統計データによる。昨年末までの毎月のETF購入額

リーフとして登板したのが日本銀行です。日銀は、安倍政権以前の二〇一〇年末ごろから、金融緩和政策の一環として、株価指数連動型上場投資信託（ＥＴＦ）[注]を購入してきましたが、その購入金額には累積の上限が決まっていて、それほど多くありませんでした。黒田総裁に代わると上限が取り払われ、「年間一兆円」のペースで購入する方針が決められました。さらに、一四年一二月には「年間三兆円」に拡大、一六年七月には「年間六兆円」に拡大しました。この結果、日銀の毎月のＥＴＦ購入額は、**図12**のように急激に増えてきました。

（注）ＥＴＦとは、「Exchange Traded Funds」の略。投資信託のうち、市場に上場していて、株式と同じように売買が可能なものです。株価だけでなく、債券価格や原油価格など、さまざまな指標に連動するＥＴＦがありますが、日銀が購入しているのは、ＴＯＰＩＸ、日経平均などの株価指数に連動するＥＴＦで、各指数の構成比にもとづいて多数の株式を組み合わせてつくられています。

図13　海外投資家の「買い越し」と日銀のETF購入の累計額の推移

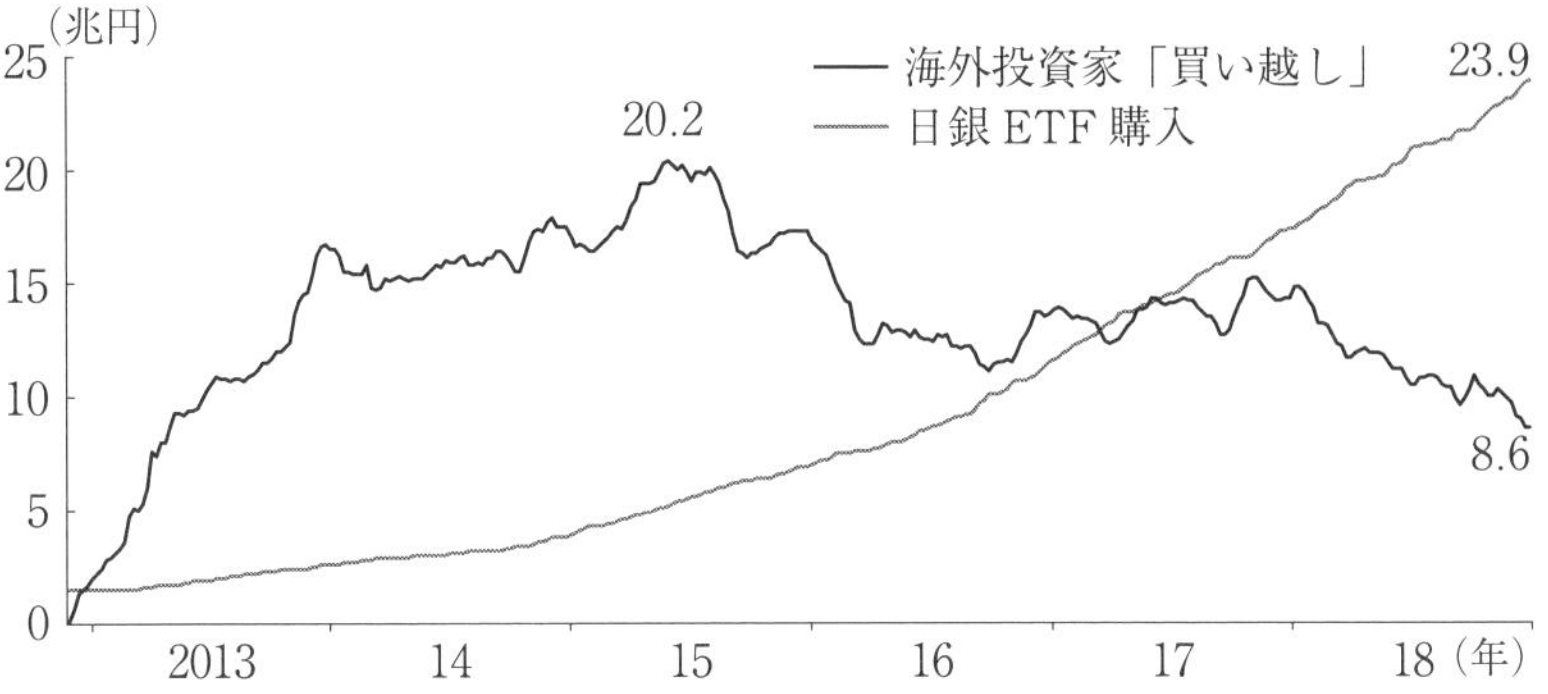

（出所）海外投資家の「買い越し」額は、東京証券取引所「投資部門別株式売買状況」による各週単位の金額の12年12月以降の累計。日銀のETF購入額は日銀が公表する日々の購入額の購入開始時（10年12月）以降の累計

日銀は、ＥＴＦの購入を通じて、間接的に株式を買い入れることになります。海外投資家やＧＰＩＦは、買うだけでなく、時には売ることもありますが、日銀は買う一方で、これまで一度も売ったことがありません。「購入額＝買い越し額」ということになり、非常に強力な株価対策となります。専門家の中には、日銀が年間六兆円のＥＴＦを購入することで、二〇〇〇円程度の株価引き上げ効果が生じていると分析する人もいます[注]。

（注）「日経」一六年八月二九日付の記事で、野村証券の松浦寿雄チーフストラテジストの発言として紹介しています。

図13は、「アベノミクス」開始以降の海外投資家の「買い越し」累計額と、日銀のＥＴＦ購入累計額を示したものです。一七年以降、特に一八年は、海外投資家の「売り」に対して日銀が「買い」で対抗して、株価を支えるという構図がはっきりしてきています。一八年一年間に限ると、海外投資家が五・七兆円も売り越したのに対して、日銀は

六・五兆円もETFを購入しています。いまや、日銀が「株価対策の主役」となっていることは明らかです。こうした「公的マネー」の株式市場への大量投入は、世界的にも例を見ず、株式市場に大きなゆがみを作り出しています。この問題については、［補論2］で詳しく論じたいと思います。

超大株主に巨額の利益

「公的マネー」まで投入して株価がつり上げられた結果、大株主には巨額の利益がころがりこみました。上場企業の有価証券報告書には、大株主上位一〇位までの名称と保有株数、保有比率が記載されています。この株数に、その銘柄の時々の株価を乗じて計算すれば、大株主の保有株式時価総額がわかります。ただし、株主の中には、個人名義ではなく、自ら設立したペーパー会社、いわゆる「資産管理会社」の名義で株式を保有している場合もあります。その場合には、各人が提出した大量保有報告書などを活用して、株式保有の実態を調べる必要があります。

このような方法で、主な上場企業の株主の資産額を調べたところ、**図14**のようになっています。第1章でも紹介したように、保有資産額が一〇億ドルを超える「ビリオネア」に匹敵する資産一〇〇〇億円以上の超大株主が、五年九カ月の間に一二人から五八人に増え、その資産額は五倍に増えています。(注)

（注）もっとも、一八年末には株価が急落しましたから、その時点で計算すれば、ビリオネアの数は減りますが、それでも三九人程度います。

なお、対象を広げて、「保有株式一〇〇〇億円以上」について集計すると、一八年九月末時点で少なくとも四三八人、保有株式の総額は二八・四兆円でした。「少なくとも」と書いたのは、調べ切れていない企業があるからです。なお、非上場企業の中にも、「ビリオネア」といえる大株主がいる企業があります（たとえば、サントリー、森ビル、森トラストなど）。これらの非上場の大企業の大株主は、この集計には含まれていません。

こうした大株主などの富裕層の問題については、第五章で、「富裕層に応分の負担を」という角度から、もう一度論じたいと思います。

図14　保有額1000億円以上の大株主の保有株式の推移

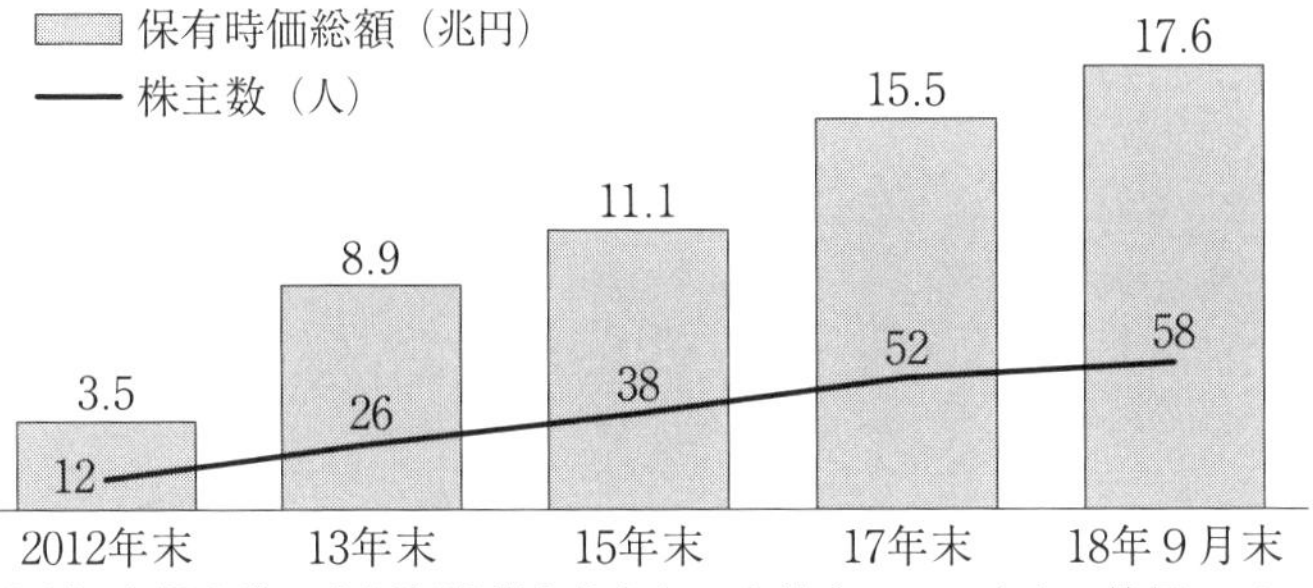

（出所）上場企業の有価証券報告書などの大株主のデータと、株価のデータから計算

（注）本人名義の株式とともに、資産管理会社名義の株式も含めて計算している。

報酬一億円以上の役員は二倍に

日産自動車の会長だったカルロス・ゴーン氏の逮捕で、企業の役員報酬の問題がクローズ・アップされています。いわゆる「官民ファンド」の産業革新投資機構（ＪＩＣ）でも高額の役員報酬を経済産業省が問題にした結果、役員が辞職するという事件が起きています。

ゴーン氏の事件は、同氏が受け取っていた役員報酬が、有価証券報告書に過少に記載されていたというものです。この有価証券報告書への個別役員についての記載は、上場企業の一〇年三月期決算分以降の報告書に義務付けられました。それまでは、役員全体の報酬合計額の記載だけが義務付けられていましたが、年間報酬一億円以上の役員に限定して、個人別のデータの開示が義務付けられたのです。

この役員報酬のデータについては、信用調査会社の東京商工リサーチが、毎年集計を行っていますが、最近は三月期決算企業についてしか公表していません。このデータに、二月以前決算の企業分を筆者が独自に集計したものを合わせると、**図15**のようになります。二月以前決算も含めて全上場企業が集計された一〇年度分で見ると、報酬一億円以上の役員は三五七人でしたが、最新の一七年度には七〇三人となっています。七年間でほぼ倍加したことになりますが、「アベノミクス」が始まった一三年度以降の伸びが大きいことがわかります。

一八年度については、本格的に決算が出るのはこれからですが、年末までに有価証券報告書を提出した企業（四月〜九月決算企業）を集計したところでは、報酬一億円以上の役員は、一七年度の三三人に対して一八年度は四一人と、さらに増加しています。今後決算が出る企業でも同じ傾向が続けば、年間ではさらに大きな伸びとなるでしょう。

役員報酬については、「欧米の企業ではもっと高い。やっと日本も欧米企業に近づいた」とか、「役員がやる気を出して、企業の活性化につながる」などという論調も見られます。たしかに、技術革新や新事業分野の開拓などで手腕を発揮し、企業にも社会にも貢献した役員には、それなりの報酬があってもいいでしょう。しかし、実態を見ると、首をかしげたくなります。

図15　報酬1億円以上の役員数の推移

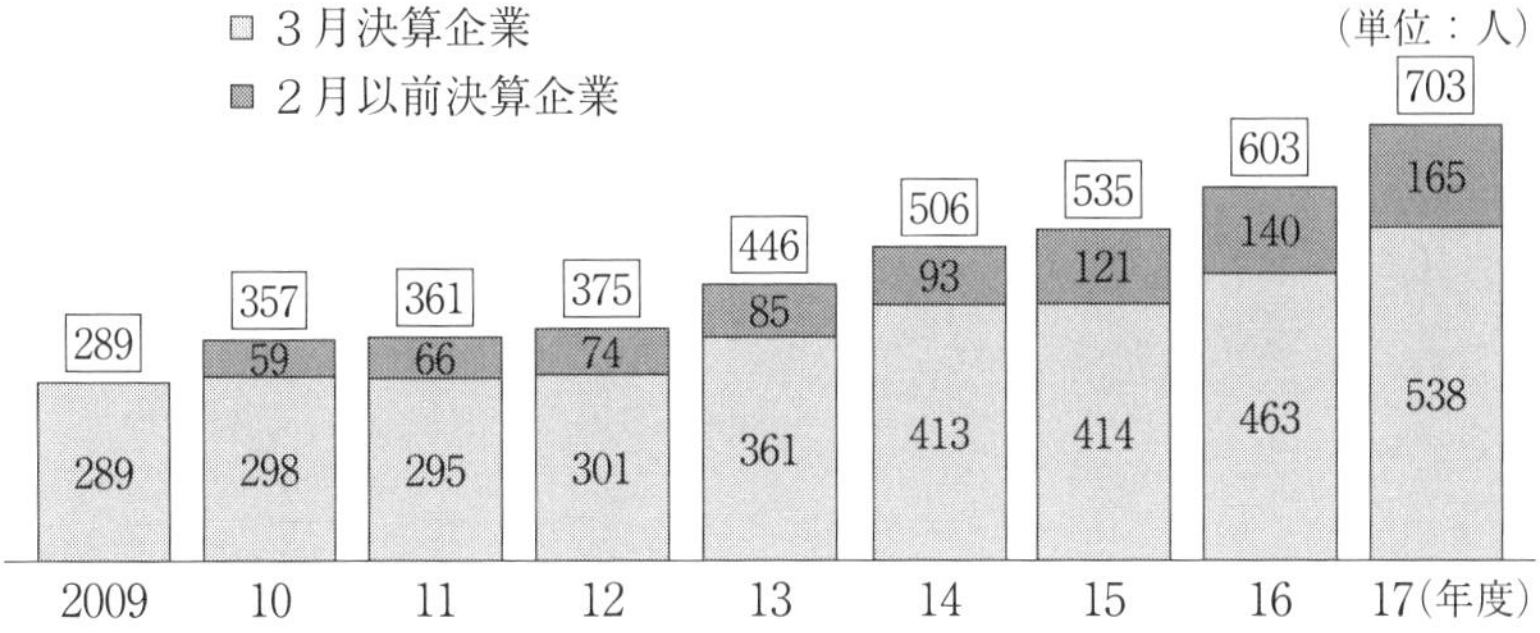

（出所）上場企業各社の有価証券報告書の記載データ（10年3月期決算から記載義務付け）から集計
（注）3月期決算企業は「東京商工リサーチ」調べ。2月以前決算企業は筆者の集計（若干の集計漏れがある可能性あり）。

一つは、社会的なルールやモラルに反した問題企業の役員が含まれていることです。シェアハウスをめぐる不正融資が問題になったスルガ銀行は、一七年度に三人の役員が一億円以上の報酬を受けていました。メガバンク以外の銀行で、一億円以上の役員がいたのはスルガ銀行だけです。また、手抜き建築が発覚したレオパレス21でも、一人の役員が一億円以上を受け取っていました。

もう一つは、役員は高額報酬を受けながら、従業員の賃金が増えていないことです。一八年三月期決算企業で一億円以上の役員を開示した二四〇社について集計したところ、一億円未満の役員も含めた役員（社外役員や監査役は除く）の平均報酬額は七〇一五万円で、前年より一〇六五万円、約一八％も増えていました。一方、同じ有価証券報告書の記載データから、社員（正社員のみ）の人数と給与年収を集計すると、二四〇社全体で九七万人前後の社員がいますが、その平均給与年収は七九五万円で、前年に比べて五万円、〇・六％しか増えていませんでした（**表11**）。これは一七年度の物価上昇率〇・九％（帰属家賃を除く総

表11　報酬1億円以上の役員がいる企業の社員給与の状況

	2017年度	2016年度	増減額	増減率
240社の当期純利益（兆円）	23.1	18.5	4.5	24.4
役員の平均報酬（万円）	7,015	5,950	1,065	17.9
社員の平均年収（万円）	795.1	790.1	5.0	0.6

〈240社中、社員の平均給与が上昇した企業と低下した企業〉

	給与上昇	給与低下	その他
企業数（社）	139	99	2
社員数（万人）	50.7	46.9	

（注）「その他」は、前年同額1社、持株会社で社員数ゼロの企業が1社。

〈平均給与が低下した主な企業〉

企業名	1億円以上役員数	社員の平均年収（万円）		
		2017年度	2016年度	減少額
トヨタ自動車	5	831.9	852.3	▲20.4
パナソニック	4	768.1	781.5	▲13.4
デンソー	2	812.3	827.6	▲15.3
三菱電機	22	792.4	795.7	▲3.3
富士通	1	790.0	797.0	▲7.0
マツダ	1	680.3	684.6	▲4.3
SUBARU	1	669.9	674.8	▲4.9
セイコーエプソン	1	766.2	793.1	▲26.9
KDDI	1	936.3	953.2	▲16.9

（出所）各企業の有価証券報告書のデータから集計

合）を下回っていますから、実質賃金の伸びはマイナスです。

二四〇社の中には、給与が増えるどころか、前年度より減った企業が九九社もありました。トヨタ自動車、パナソニック、デンソー、三菱電機などです。プロ野球やサッカーなら、選手は安月給で監督やコーチだけが高い報酬をもらっていたら、選手がやる気を失い、チームは強くならないでしょう。負けが続けば、監督は解任されてしまいます。ところが、企業の場合は、賃金を抑えるなどのコスト削減によって、一時的には利益が増えてしまうことがあり得ます。人件費を削って利益を増やした経営者が、その「功績」を評価されて高い報酬を受けているのが実態だとすれば、それは大きな問題です。企業の本当の強さにはつながらないうえに、社会的な格差を広げることになるからです。

なお、筆者は、右のような趣旨の文章を一八年八月五日の「しんぶん赤旗」日曜版に書いたのですが、その後、ゴーン氏の事件が起き、指摘した通りの事態が起きていると、改めて感じた次第です。

「貧困率」のまやかしについて

大株主や大企業役員などの富裕層には巨額の利益がころがりこむ一方で、国民は所得が増えないのに消費税増税が押しつけられ、貧困が拡大しています。ただ、貧困の実態は、富裕層の資産のようには目に見えてきにくいのが特徴です。とくに、「貧困率」などの統計データだけを見ると、あたかも貧困が改善したかのように見えてしまうという問題があります。第1章でも説明しましたが、さらに詳しく見ておきましょう。

「貧困率」には、「絶対的貧困率」と「相対的貧困率」があります。「絶対的貧困率」というのは、生きていくのに必要な食料などを手に入れるための最低収入以下の人々の割合で、おもに途上国などの貧困を論じるときに使われます。世界銀行の基準では、「一日一・九ドル」、日本円にして一日二一〇円くらいが「絶対的貧困」の基準だといいますが、日本では一日二一〇円ではとても生きていけませんから、この基準で議論しても意味がありません。(注)

（注）世界銀行の基準とは別に、生活保護基準などの、日本における最低生活費をもとに、日本版の「絶

対的貧困率」を推計する研究もありますが、ここでは省略します。

一方、「相対的貧困率」とは、等価可処分所得(注)の順に全人口を並べた場合に、中央に位置する人の等価可処分所得（中央値）の半分を「貧困線」として、その「貧困線」を下回る割合を計算したものです。三年ごとに厚生労働省が実施する「国民生活基礎調査」や、五年ごとに総務省が実施する「全国消費実態調査」のデータを用いて、相対的貧困率が計算されています。

（注）単身世帯と四人世帯とで、家賃や水光熱費が四倍も違うことはありません。等価可処分所得とは、このように世帯人数の違いによって一人当たりの最低生活費が異なるため、それを調整するものです。一般的には、世帯の可処分所得（収入から税や社会保険料を控除したもの）を、世帯人数の平方根で割って計算します。

安倍政権になってから公表された調査結果では、**表12**のように、「相対的貧困率」が低下しています。この数字だけを見ると、貧困が改善されたかのように見えます。安倍首相は、「アベノミクスによって貧困率が改善した」と自慢しました。しかし、ここにはまやかしがあります。

表12をよく見ればわかりますが、貧困率の計算の基準となる「等価可処分所得の中央値」がどちらの調査でも低下傾向にあることです。一五年の国民生活基礎調査の場合、名目では微増となっていますが、実質では激減しています。これは、間に消費税増税があったからです。中央値が下がれば、それに応じて「貧困線」も低下します。その結果、前回調査時ならば「貧困層」に分類された人の一部が、「貧困線」の上に浮上してしまい、その結果、貧困率が低下してしまうのです。

表12　相対的貧困率の推移

	全国消費実態調査（総務省）				国民生活基礎調査（厚生労働省）			
調査対象となった所得の年度	1999年	2004年	2009年	2014年	2006年	2009年	2012年	2015年
相対的貧困率（%）	9.1	9.5	10.1	9.9	15.7	16.0	16.1	15.6
等価可処分所得の中央値（名目、万円）	312	290	270	263	254	250	244	245
同（実質、万円）	314	301	280	266	228	224	221	211
貧困線（名目、万円）	156	145	135	132	127	125	122	122
同（実質、万円）	157	151	140	133	114	112	111	106

（注）両調査で貧困率が大きく違うのは、集計対象世帯の抽出方法や、調査方法（聞き取りか、家計簿記入方式か）などによると思われる。

もちろん、「貧困線」が下がっても、貧困層の等価可処分所得がそれ以上に下がれば、貧困率は改善しません。しかし、おそらく、「貧困線」周辺に位置する人は、「これ以上低下したら生きていけない」水準に近いため、「貧困線」の低下ほどには下がらなかったのだと思います。(注)

（注）さらに細かいことをいえば、一四年や一五年の調査時点では、「貧困線」周辺の低所得世帯には、消費税増税にともなう「臨時福祉給付金」が給付され、これが所得を若干押し上げていた影響もあると思われます。

現在の貧困問題は、ごく一部の貧困層だけの問題ではありません。平均的なサラリーマン層なども含めた多くの世帯が、会社でリストラにあったり、稼ぎ手が病気になったりすれば、たちまち「貧困」に陥りかねない、そういう将来不安が高まっているという問題もあります。貧困率の表面的な低下を招いた「中央値の低下」こそ、「中間層の疲弊」を示すものであり、現代的な貧困問題を象徴するものではないかと思います。中央値が上昇し、それでも貧困率が低下していくような状況を実現しなければ、貧困問題の真の解決にはならないのではないでしょうか。

消費税が貧困を広げる六つの要因

さて、いよいよ、消費税と貧困の関係について論じましょう。私は、消費税増税によって貧困が拡大する要因として、少なくとも次の六点を指摘できると思います。

①所得がなくても負担が生ずる

まず、消費税という税は、まったく所得がない人でも、買い物すれば税負担が生ずる、理不尽な税金だということです。所得税ならば、ある程度の所得がなければ課税されません。売れっ子の子役タレントでもないかぎり、通常は子どもには課税されません。ところが、消費税は違います。オギャーと生まれたとたんに、ミルク代にもオムツ代にも消費税がかかります。同じ間接税でも、酒税やたばこ税は、子どもにはかかりません。子どもには、酒もたばこも関係ありませんから。赤ん坊にも負担を強いるのは、消費税だけです。

余談ですが、赤ん坊にもかかる、もう一つの税金として、国民健康保険税（保険料）の均等割があります。東京二三区の場合、赤ん坊にも最高で年間五万一〇〇〇円もかかります。しかも、そのうち一万二〇〇〇円は、七五歳以上の高齢者医療への「支援分」です。子どもに毎年、一万二〇〇〇円も「高齢者への支援」をさせるというのは、「祖父母からのお年玉を全部返せ」というようなものです。

図16　消費税の逆進性（年収別の消費税負担率）

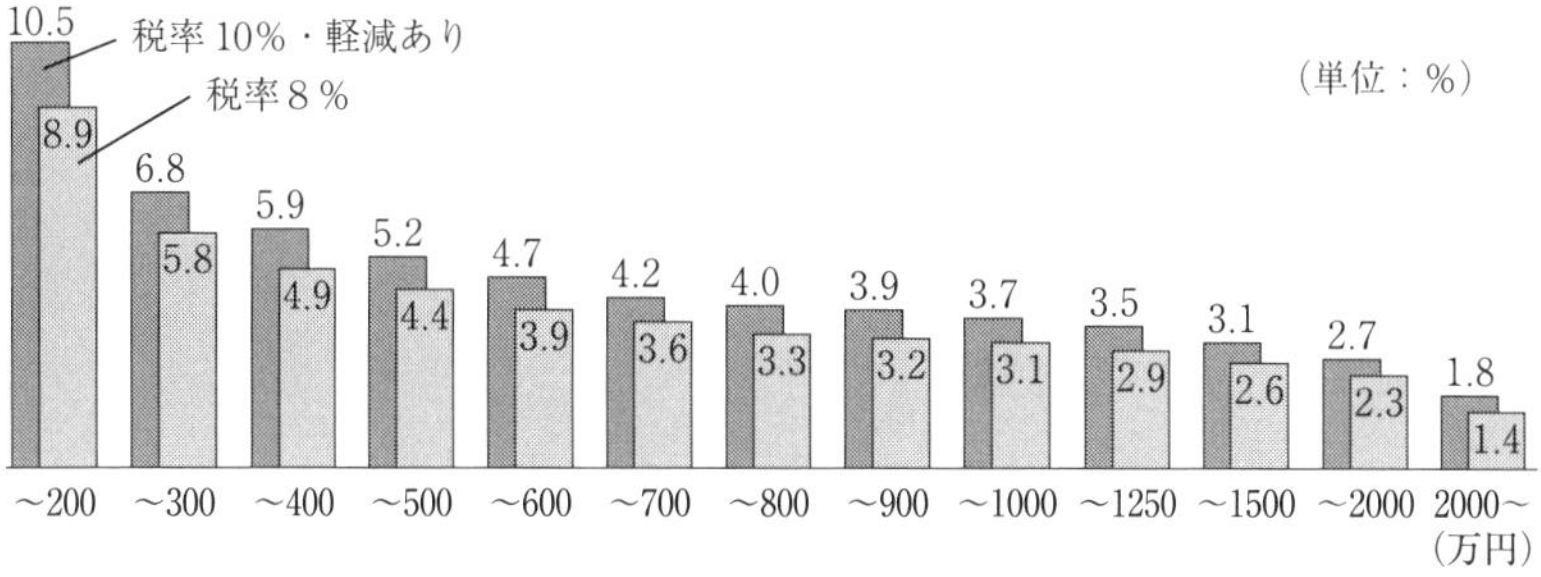

（出所）総務省「全国消費実態調査」（2014年）
（注）２人以上世帯の年収別データから計算。

あまりにひどいので、全国知事会などからも改善を求める意見が上がっており、仙台市や旭川市では市独自の減額制度がつくられています。

国保税のように金額が決まってはいませんが、消費税も「赤ん坊にも負担を強いる」という点では、同じように理不尽な税です。

②「軽減税率」でも消えない逆進性

消費税は、低所得者ほど負担が重い「逆進性」をもった税金です。「負担が重い」という意味は、「負担額が大きい」という意味ではなく、「収入に対する負担率が高い」という意味です。低所得者は、生活にギリギリの収入しかありませんから、貯蓄をする余裕もなく、収入のほとんどすべてを消費します。場合によっては、収入だけでは生活できず、預貯金を取り崩して、収入以上に消費をする場合もあります。一方、高所得者は生活に余裕があり、収入の全部を消費することなどありません。ですから、消費額に同じ税率で消費税を課税したとしても、低所得者の負担率が高くなるのです。

図16は、総務省の「全国消費実態調査」の二人以上世帯の年収

別データを用いて、年収の違いによる消費税負担率を計算したものです。低所得者ほど負担率が高いことがわかります。税率を一〇％に上げれば、負担率の差はさらに開きます。

今度の増税では、この「逆進性」に対する対策として、食料品や新聞代に「軽減税率」が適用されます。しかし、「軽減」といっても今より低くするわけではなく、今の八％に据え置くだけです。食料品が選ばれたのは、生活に欠かせない商品だということに加えて、低所得者は消費に占める食料品の比率が高いということがあります。しかし、高所得者が値段の高い高級食材を買った場合も「軽減税率」が適用されます。全国消費実態調査のデータから計算すると、「逆進性」の緩和にはあまりなりません。

「軽減税率」の効果は、低所得世帯では一万円前後ですが、高所得者では二万円程度になります。**図16**に示したように、「軽減税率」を適用した場合でも、低所得者の方が負担率の増加は激しく、逆進性がさらに広がります。本当に「軽減」というのなら、イギリスで実施されているように、食料品の税率はゼロにするくらいのことをしないと、逆進性の緩和にはならないでしょう。今回の「軽減税率」は、むしろ、税率の区分などが複雑で、混乱と事業者の負担を増やすものとなっています。その点は、第4章であらためて論じます。

③年金生活者には二重の被害が

世間にはあまり知られていませんが、年金で生活している高齢者には、消費税増税が二重の被害をもたらします。それは、⑴増税によって物価が上がることによって、年金が実質的に目減りするとともに、⑵実質賃金の低下を通じて年金額が名目額でも減らされるおそれがある――ということです。

この二〇年あまりの間に、年金制度にはさまざまな改悪がされてきました。一つは、昔は年金は単純な「物価スライド」で改定されていたのに、今は「物価か賃金か、伸びが低い方に合わせてスライドする」仕組みに変わったことです。もう一つは、「マクロ経済スライド[注]」といって、物価も賃金も上がった場合でも、年金の上げ幅はもっと低い率にする仕組みです。さらに、「マクロ経済スライド」が適用できなかった分を翌年以降に持ち越す「キャリーオーバー」という仕組みも導入されました。宝くじのキャリーオーバーなら次回の楽しみが増えますが、年金削減のキャリーオーバーでは楽しいことは何もありません。

（注）マクロ経済スライドとは、二〇〇四年の年金法改悪で導入されたもので、人口構成の変動に応じて自動的に年金水準を引き下げる仕組みです。具体的には、物価や賃金の変動率によって決まる各年度の年金改定率に、①現役の年金加入者の減少率、②平均余命の増加率の二つから計算された「スライド調整率」を加えます。このうち②はマイナス〇・三％と法定されています。二〇一五年度に初めて発動されたときは、①がマイナス〇・六％、合計マイナス〇・九％の調整（〇・九％を差し引く）が行われました。最近は、①が高齢者の就労やパートの年金加入などの影響で現役年金加入者が増加傾向のため、一八年度はゼロ％、一九年度は〇・一％でした。この結果、一八年度のキャリーオーバー分を含めた一九年度のスライド調整率は、合計でマイナス〇・五％となりました。

実は、これらの改悪の結果、一九年度の年金改定で、すでに被害が発生します。一九年一月一八日に発表された一八年の物価上昇率は、一％でした。単純な物価スライドなら、一九年度の年金は、一％の引き上げになるはずです。ところが、実際には〇・一％しか上がりません、なぜでしょうか。

一つは、「物価は一%増だが、賃金は〇・六%増なので、低い方に合わせる」ということです。二つ目は、「一九年度分のマクロ経済スライドとして、〇・二%を差し引く」ということです。三つ目は「一八年度分からキャリーオーバーされた分として、〇・三%を差し引く」ということです。結局、「〇・六マイナス〇・二マイナス〇・三イコール〇・一」ということになるのです。したがって、一九年度の年金は、物価を差し引いた実質では、〇・九%の削減ということになってしまいます。

消費税増税後も同様のことが起きます。**図17**を見てください。

⑴増税が一〇月からなので、一九年のうちに増税の影響が出るのは三カ月しかなく、一九年の物価はあまり上がりません。本格的に物価が上昇するのは、二〇年で、おそらく一%程度上がるでしょう。単純な物価スライドならば、翌年の二一年度の年金が一%上がることになります。ところが、賃金が一%上がっていなければ、そうはなりません。実は、この場合の「賃金上昇率」というのは、過去の賃金で計算します。具体的には、二一年度の年金の場合は、一七、一八、一九年度の三年間の実質賃金の伸びが影響してきます。(注)これで計算した賃金上昇率が一%に届かなければ、それに合わせて年金の伸びが抑制されます。その上に「マクロ経済スライド」が適用されます。二一年度の分だけでなく、二〇年度分のキャリーオーバーもあるかもしれません。このようにして、年金改定が低い水準になれば、物価上昇との差の分だけ、実質的に年金が目減りすることになります。

(注)なお、ここでいう「賃金」は被用者年金加入者の標準報酬の平均額から計算されます。したがって、毎月勤労統計の不正の影響は受けません。

図 17　消費税増税の年金への影響

（仮定条件）

(1)2019 年 10 月に消費税率が 10%に引き上げられることにより、消費者物価が 19 年に 0.2%、20 年に 0.8%上がると想定

(2)消費税影響以外の物価上昇は、18 年に 1.0%（実績）、24 年に 0.5%を想定している（21〜23 年は物価上昇なしと仮定）

(3)名目賃金は横ばいで、物価上昇の影響分だけ実質賃金が下がることを想定している

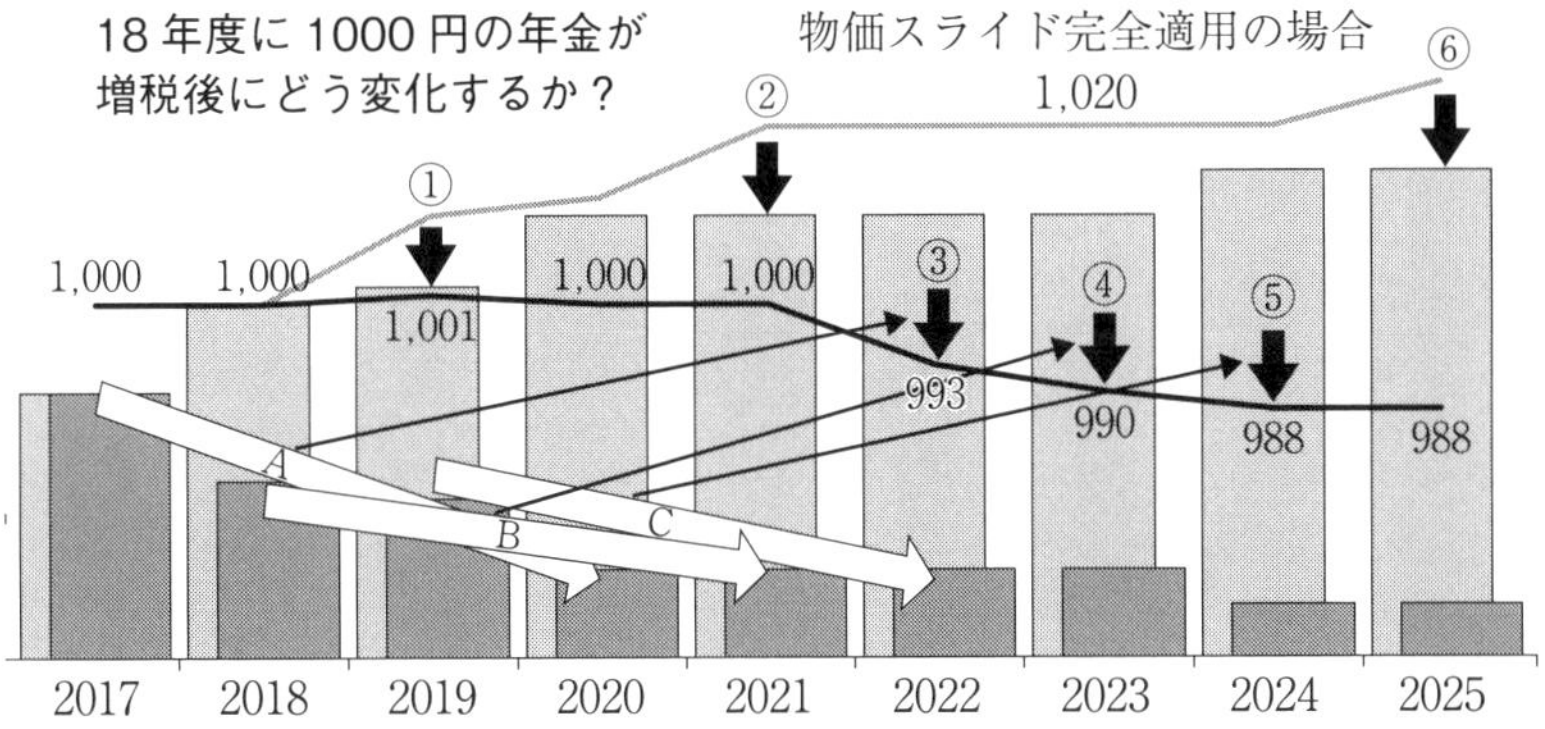

①18 年に物価が 1 %上がったが、「過去の賃金上昇」が 0.6%のため、「低い方に合わせた」うえで「マクロ経済スライド」（キャリーオーバー分含めて 0.5%）を差し引き、0.1%の増

②消費税増税で前年の物価が上がっているが、「過去の賃金上昇」が低いうえに、「マクロ経済スライド」が働き、年金額は据え置き（実質では削減）

③「17 年度から 20 年度までの実質賃金変動（A）」がマイナスなので、この影響で 22 年度の年金額が名目で削減される（④、⑤も同様に、B、Cの影響で名目で削減）

⑥前年に物価が上昇したが、22〜24 年度に「マクロ経済スライド」が行われず、キャリーオーバーされた分が差し引かれるため、年金額は据え置き

(2)さらに二二年度以降の年金はどうなるでしょうか。二二年度の年金改定率は、二一年の物価変動と、一八、一九、二〇年度の三年間の実質賃金の伸びから計算されます。ここで重要なのが、二〇年度の賃金です。増税の直後ですから、実質賃金の伸びはマイナスの可能性が高く

なります。もし、二〇年度がマイナスで、他の年度もゼロに近いと、三年間の伸び率の平均がマイナスになってしまい、これにあわせて二二年度の年金もマイナスになるおそれがあります。今度は実質目減りではなく、名目額で削減されるのです。二三、二四年度も、改定率の計算の要素に二〇年度の実質賃金の伸びが入ってきますから、マイナスになる可能性があります。

以上のように、消費税増税後の年金は、「実質目減り」が一年、「名目削減」が三年続くおそれがあるのです。さらに、「名目削減」が続いている間はマクロ経済スライドが適用できないため、この三年分がキャリーオーバーされ、二五年度の年金に影響するかもしれません。

④業者には何重もの打撃に

中小商店などの事業者にも、消費税増税は何重もの被害をもたらします。

第一に、消費が冷え込めば、売り上げが減少します。とりわけ、「軽減税率」導入を考慮して「外食を控えるようにする」という消費者が多く、外食産業には大きな打撃となるおそれがあります。

第二に、客の減少を防ぐために売値をおさえようとして、消費税増税分を価格に転嫁できず、「身銭を切る」結果になるおそれがあります。お客から消費税を集められなくても、税務署は納税を免除してはくれません。

第三に、政府は、消費者への増税の影響を緩和するためとして、事実上の「消費税還元セール」を推奨しています。体力のない小売店などが「還元セール」をしなくてはならない事態になれば、「身銭を切る」事態がますます増えます。

第四に、「軽減税率」の導入や、政府が「対策」として打ち出した「ポイント還元」は、納税事務の複雑化、レジの交換、カード読み取り機の導入、カード会社への手数料など、業者に新たな負担をもたらします。これら、政府の「対策」に関する問題は、第4章で、あらためて論じます。

図18　国税の新規滞納発生額の推移

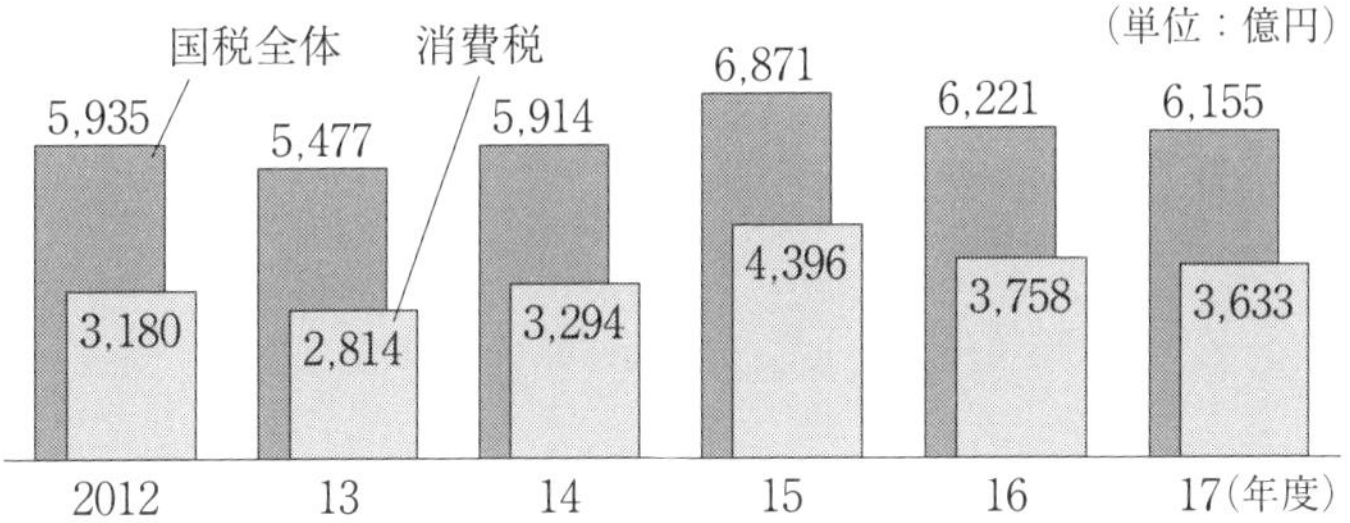

（出所）国税庁統計年報書による
（注）消費税には地方消費税は含まれていない。

最後に、四年後に導入されるインボイス（適格請求書）が、免税業者を中心に、新たな負担をもたらします。この点については、⑥で説明しましょう。

こうした何重もの被害が業者をおそうことになれば、心配されるのは消費税の滞納の増加です。**図18**は、国税全体と消費税の滞納発生状況です。圧倒的に消費税が多いことがわかります。所得税や法人税の場合は、基本的には黒字の業者や企業にしか課税されませんが、消費税は、売り上げがあるかぎり、赤字決算でも課税されます。このために滞納が増えるのです。なお、**図18**は国税の滞納分だけのグラフですが、消費税の場合は地方消費税も合わせて滞納になるので、滞納額はこのグラフよりさらに多くなります。

⑤「対策」が格差を助長する

政府が打ち出した「対策」には、「プレミアム付き商品券」のように、主に低所得者向けのものもありますが、それは一部にすぎません。住宅や自動車への減税は、住宅や自動車を買えるだけの資力のある人しか対象になりませんし、「ポイント還元」も高所得者ほど有利です。保育の「無償化」も恩恵は高所得者の方が大きくなります。こうした対策では、かえって消費税の逆進性を実質的に強化し、格差を拡大することになりかねません。この点については、第4章で論じます。

⑥インボイスが新たな負担を生む

「軽減税率」の導入を理由として、四年後の二三年一〇月からの導入が予定されているのが、インボイス制度です。正式名称は「適格請求書保存方式」といいます。インボイスは、商品やサービスを提供して代金を受け取る業者が、代金を支払う業者に交付するものです。そのイメージは、**図19**のようなものです。これまでの請求書と違うのは、⑴税率ごとに代金を区分し、それぞれの消費税額を記載することと、⑵事業者の登録番号を記載することです。インボイスを受け取った業者は、消費税の納税額を計算するときに、インボイスに記載された税額を合計して、その分だけ仕入税額控除を行うことができます。

現行制度では、インボイスは必要なく、売上額と仕入額を記帳しておき、一年間分の帳簿から売上額の八%に相当する消費税と、仕入額の八%に相当する消費税を計算し、その差額を税務署に納税する仕組みでした。ところが、二三年一〇月以降は、インボイスがないと仕入税額控除ができなくなるのです。

ここで問題になるのが、免税業者の扱いです。現行制度では、年間課税売り上げが一〇〇〇万円以下の業者は、消費税の納税を免除されています。これは、零細な業者では納税のための事務負担が重いことや、消費税を価格に十分に転嫁しきれない可能性があることなどに配慮したものです。

この免税業者について「免税業者は、客から集めた消費税を丸儲けしている」とか、「多額の益税が発生している」とかいう議論がありますが、「丸儲けしている」などと言うのは、明らかに誤りです。免税業者は税務署への納税が免除されているだけで、仕入れの際には消費税を払っているからです。さらに、仮に「益税」が発生しているとしても、それが誰の懐に入っているのかは、取り引きの実態をよく分析しなければわかりません。この点については、説明すると長くなるので、ここでは省略しますが、詳しく知りたい方は、別項の「補論1」をお読みください。

図19　インボイス（適格証明書）のイメージ

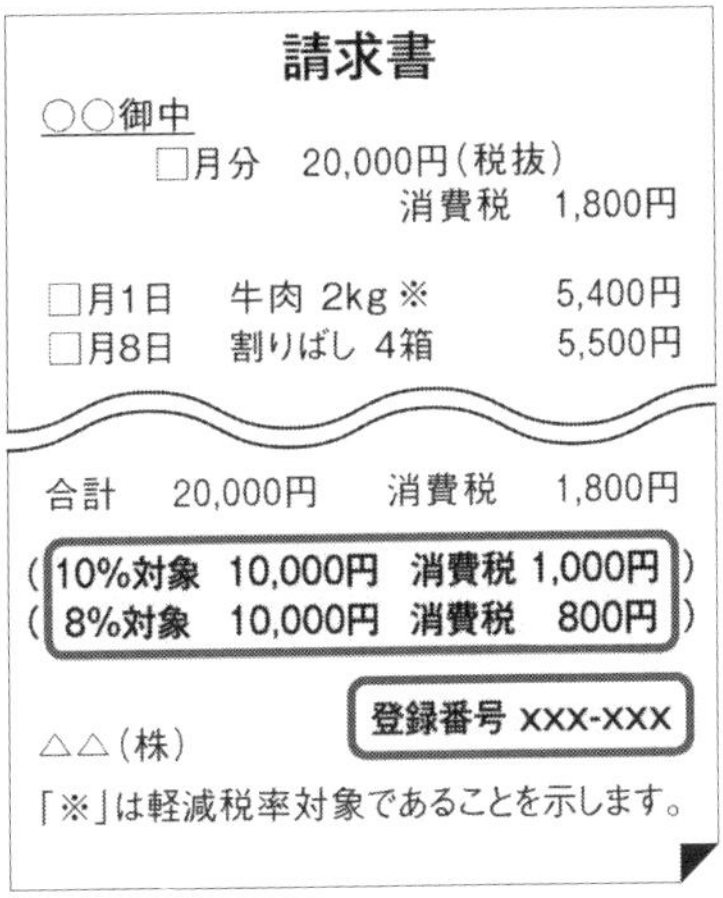
請求書

○○御中

□月分　20,000円（税抜）
消費税　1,800円

□月1日　牛肉 2kg ※　5,400円
□月8日　割りばし 4箱　5,500円

合計　20,000円　消費税　1,800円
（10%対象　10,000円　消費税 1,000円）
（8%対象　10,000円　消費税 800円）

△△（株）　登録番号 xxx-xxx

「※」は軽減税率対象であることを示します。

（出所）財務省パンフレット「平成28年度税制改正」

先ほど説明したように、インボイスには「登録番号」の記載が必要です。これは、業者が勝手に決めた番号ではなく、税務署に事業者登録をして交付してもらった番号を記載しなければなりません。登録番号がないインボイスや、登録されていない偽の番号を記載したインボイスは「偽インボイス」ということになります。そして、偽インボイスを発行した場合には、「一年以下の懲役または五〇万円以下の罰金」という罰則が適用されます。

さらに、消費税法には、登録番号の交付を受ける登録をした事業者には、「免税の特例は適用されない」旨が明記されています。つまり、登録番号をもらうと免税業者にはなれない、逆に免税業者だと登録番号がもらえずインボイスが発行できない、ということになります。免税業者か、インボイスを発行できる登録事業者か、二者択一が迫られるのです。

小さな商店や床屋さんなど、消費者しか相手にしない場合なら、お客さんから「インボイスをください」と要求されることはないでしょうから、登録業者になる必要は生じないかもしれません。でも、小さな八百屋さんでも、近くの会社の社員食堂に食材を納入していたら、その会社からインボイスを要求されるかもしれません。床屋さんでも、芸能プロに所属するタレントが散髪に来て、「代金は会社の経費にするから、インボイスをください」といわれるかもしれません。個人タクシーなども、社用で利用する客からは、インボイスを求められる可能性があります。「インボイスは出せません」といったら、「じゃあ乗らない」といわれるかもしれません。

商品やサービスを仕入れる側の業者からすれば、インボイスがなければ仕入税額控除ができず、納税額が増えてしまうのですから、「インボイスが出せない業者とは取り引きしたくない」ということになるのは当然です。取り引きを断られたくなければ、売り上げ一〇〇〇万円以下の零細な業者であっても、免税業者にならずに、登録して番号をもらって、インボイスを発行できるようにならざるを得なくなります。

税抜きの年間売り上げ八〇〇万円、仕入れが六〇〇万円という業者が、免税業者でなくなった場合の納税額は、税率が一〇％だとすると、「八〇万円マイナス六〇万円」で、二〇万円ということになります。こんな小さな業者に、新たに二〇万円もの税負担が生じたら、営業を続けていくのが困難になってしまうかもしれません。

インボイス制度は、どれだけの業者に影響を与えるのでしょうか。実は、免税業者は消費税の申告をしませんから、税務署でも正確な数はつかんでいません。そこで、国勢調査などのデータから割り出した業者数と、消費税を納税している業者数との差として推計すると、**表13**のように、個人と法人あわせて五〇〇万に近いことがわかります。このうち、どれだけの業者が新たに課税業者になるのか、それは不明ですが、財務省は新たに増える課税業者の納税額を二〇〇〇億円と見込んで、それを「軽減税率」の財源の一部とするといっています。平均納税額を二〇万円と仮定すれば、一〇〇万者の業者（個人・法人）が負担増になるということになります。

表13　消費税免税事業者の推計

	個人	法人	合計
①全事業者数	5,096,866	2,858,357	7,955,223
②課税事業者数	1,164,434	1,992,088	3,156,522
免税事業者推計（①－②）	3,932,432	866,269	4,798,701

（出所）①の個人は国勢調査（15年）、法人は法人企業統計（17年度）。②は国税庁統計年報書（16年度）の消費税申告件数（還付申告を含む）

（注）②には、売上は免税点以下だが課税を選択している業者（約11万者）を含む。

インボイスが、将来の社会の形をも変える？

インボイスの影響は、小売店などの事業者だけにとどまりません。雇用契約ではなく、請負などの形で仕事をしている場合は、すべて影響します。

たとえば、大工や左官などの、いわゆる「一人親方」です。個人の建築主から直接住宅を受注した場合は、インボイスは必要ありませんが、実際には、建設会社や工務店などからの請負の形で仕事する場合が多いでしょう。その場合には、インボイスが必要になります。

ヤクルトの配達をしている「ヤクルトレディ」と呼ばれる女性たちの多くは、雇用者ではなく、会社から配達業務を請け負う「個人事業者」の形をとっているようです。会社に手伝ってもらって、事業者として青色申告をすると、年収一六〇万円程度まで所得税非課税で働くことができ、パート雇用に比べ税制上有利なのだといわれています。ところが、インボイス制度が導入されると、課税業者にならなくてはなりません。簡易課税[注]を選択すれば年収の半分は「仕入れ」扱いできるかもしれませんが、それでも八万円の消費税を納税しなければならなくなります。同じことは、家庭内での内職のような形でパソコン作業を請け負っている人などにも起きてきます。

（注）消費税の仕入税額控除は、実際の仕入額に消費税率をかけて計算しますが、課税売上高が五〇〇〇万円以下の業者に限って、「簡易課税制度」を選択できます。これは、実際の仕入額によらず、売上に係る消費税額に、業種ごとに定められた「みなし仕入率」をかけて控除額を計算する方法です。みなし仕入率は、卸売業九〇%、小売業八〇%、製造業七〇%、サービス業や運輸業五〇%、不動産業四〇%などとなっています。

映画やテレビ、演劇などの出演者や制作スタッフなど、いわゆる「フリーランス」で働く場合も、同様のことが起きます。バーやキャバレーのホステスさんも、雇用契約でない場合は、インボイスが必要になるでしょう。

表14　「雇用関係によらない」働き手の推計

フリーランスのタイプ		推計人数
副業系すきまワーカー	常時雇用されているが副業として働ける	416万人
複業系パラレルワーカー	２社以上の企業と契約ベースで仕事する	269万人
自由業系フリーワーカー	特定の勤務先のない独立プロフェッショナル	69万人
自営業系独立オーナー	個人事業主・法人経営者の１人オーナー	310万人
日本における広義のフリーランス数（上記の合計）		1,064万人

（出所）ランサーズ㈱の「フリーランス実態調査2016」（経済産業省資料より引用）

さらに、サラリーマンが副業をしている場合なども対象になります。私事で申し訳ありませんが、いま、こうして本の原稿を書いています。本が売れれば、いくばくかの原稿料か印税をもらえるでしょう。出版社にしてみれば、原稿料や印税は仕入税額控除の対象です。でも、私は課税業者ではないのでインボイスを発行できません。発行できるようにすると、今度は、私が税務署に消費税を納税しなければならなくなります。この問題は他人事ではないのです。

政府は、いま「働き方改革」の一環として、サラリーマンの副業などを含めた「雇用によらない働き方」を広げるといっています。経済産業省の文書には、その規模は一〇〇〇万人にも及ぶなどと推計されています（**表14**）。こうした働き方それ自体の是非についても、批判的に検討する必要がありますが、こうした働き方のすべてにインボイスが必要になるのだとしたら、それこそ将来は「一億総インボイス社会」になってしまうかもしれません。

実際には、フリーランスで働く多数の人にインボイスを発行させ、税務署に消費税を納税させるなどというのは、現実的ではないでしょう。では、どうするのか。おそらく、次のどちらかになるのではないでしょうか。

一つは、フリーランスで働く場合、派遣業者のようなところに登録して、そこに雇用されたような形にして、派遣業者がインボイスを発行する方法です。これなら、個々人が課税業者になってインボイスを発行する必要はなくなりますが、派遣業者に上前をはねられることになります。これでは、フリーランスの拡大ではなく、派遣労働者の拡大になってしまいます。

もう一つは、請負料金を支払う業者の方が、所得税を源泉徴収するのと合わせて、相手先が納税すべき消費税を源泉徴収して、代行して納税することができるような仕組みに、消費税の制度を変えてしまうことです。このような方式にした場合、請負やフリーランスの形で働く人は、最悪の場合、報酬から所得税一〇%と合わせて消費税一〇%を天引きされることになりかねません。

テレビドラマ「ドクターX」の主人公はフリーランスの医師で、難しい手術も絶対に失敗しないかわりに、高い報酬を手にします。こうした特別な技術や資格を持った場合は別ですが、それ以外の多くのフリーランスは、どちらかと言えば、不安定で低収入の仕事でしょう。ところが、そこに消費税が課税されるのです。しかも、消費税と所得税、合わせて二〇%を天引きされた後に、手元に残った八〇%分を使って生活すれば、今度は消費者という立場で一〇%、もとの報酬の八%に相当する消費税を負担することになります。消費税と所得税あわせて二八%にもなります。このほかに、住民税や社会保険料も払うことになれば、とても生活できません。

インボイス制度の導入は、税率引き上げの問題以上に、将来の雇用のあり方や税制の仕組みなど、社会全体のあり方を大きく揺るがすような、重大な影響を与えかねない問題だと思います。こうした点についての議論もされないまま導入しようとしていることは大問題です。

第4章　混乱と不公平を拡大する「天下の愚策」

政府は、消費税増税による経済への影響を緩和するための「対策」を決定しました。第1章でも紹介しましたが、あらためて、詳しい一覧表を載せておきましょう（**表15**）。

五・七兆円の増税に六兆円の「対策」という本末転倒

安倍首相は、「消費税の増税分をすべて国民に還元する」といいました。実際、消費税は一％で約二・八兆円、二％上げれば五・七兆円と計算されていますが、政府の「対策」の総額は六兆円で、増税分を上回る規模です。「財政が大変だから」といって国民に増税を押し付けておきながら、それを上回る「対策」をばらまくというのでは、何のために増税するのかわかりません。「そんなことをするくらいなら、はじめから増税しなければいい」という声が上がるのは当然です。

混乱必至の「軽減税率」

政府が導入しようとしている「軽減税率」に対する批判が高まっています。そもそも、これは食料品や新聞の税率を八％に据え置くというだけの「据え置き税率」に過ぎず、今より安くなるわけではありませんから「軽減」などというのは、おこがましい話です。これによって、消費税の逆進性がなくなるわけではないことも、すでに見た通りです。

表15　政府の増税への「対策」

対策の内容		財源規模		19年度予算	
「軽減税率」の実施			0.5兆円		
	食料品・新聞の税率を８％に据え置き	1.1兆円			
	財源措置（たばこ税、所得税の増税）	▲ 0.6兆円			
社会保障や教育の充実			2.8兆円		
	幼児教育の無償化	0.78兆円	※１	3,882億円	
	年金生活者支援給付金	0.6兆円	※１	1,859億円	
	低所得者の介護保険料軽減	0.14兆円	※１	654億円	
	介護人材の処遇改善	0.2兆円	※１	421億円	
	高等教育の無償化・奨学金の拡充	0.76兆円	※１	（20年度実施）	
消費税負担増に対する診療報酬等による補填			0.4兆円		
18年末に新たに決めた「対策」			2.0兆円		
	柔軟な価格設定のガイドライン策定				
	キャッシュレス決済へのポイント還元	0.28兆円		2,798億円★	※２
	マイナンバーによる自治体ポイントへのプレミアム付与	不明		119億円★	※３
	低所得者・子育て世帯向けプレミアム商品券	0.17兆円		1,723億円★	
	すまい給付金	0.21兆円		785億円★	
	次世代住宅ポイント制度	（同上）		1,300億円★	
	防災・減災、国土強靱化対策	1.35兆円		13,475億円★	
減税措置			（平年度ベース）0.3兆円		
	住宅ローン減税の拡充	0.11兆円			
	自動車税の引下げ（恒久措置）	0.13兆円			
	環境性能割の臨時的軽減（臨時措置）	0.05兆円			
合計（19年度予算は歳出のみで、税制は除く）			6.0兆円	27,016億円	

（出所）経済財政諮問会議資料、予算案説明資料から作成

（注）19年度予算は、地方負担を含む公費負担の総額で、★印は「臨時・特別の措置」、他は恒久措置。

（※１）2.8兆円の内訳は精査中で未発表のため、他の資料から推計。このため、合計額は合わない。

（※２）９カ月のうち６カ月分。このうち、ポイント還元自体は1,786億円で、残りは機器や手数料への補助と事務費。

（※３）実施はポイント還元終了後（20年度）で、19年度予算には準備経費を計上。

表16　クイズ　「軽減税率」導入後の税率は何%でしょう？

	商品や取引の内容・形態	税率
1	ハンバーガーを買って持ち帰る	%
2	ハンバーガーを店内で食べる	%
3	ハンバーガーを公園のベンチで食べる	%
4	そばやピザの出前をとる	%
5	店で食べ残した寿司を持ち帰る	%
6	水道料金	%
7	ペットボトル入りの飲料水	%
8	オロナミンC（大塚製薬）	%
9	リポビタンD（大正製薬）	%
10	ノンアルコールビール	%
11	本みりん	%
12	みりん風調味料	%
13	いちご狩の入園料	%
14	列車の座席で食べる駅弁	%
15	映画館の売店での飲食物の販売	%
16	カラオケボックスでの飲食物の提供	%

	商品や取引の内容・形態	税率
17	学校給食	%
18	学生食堂のランチ	%
19	入院時の病院食（通常メニュー）	%
20	病院食（患者希望による特別食）	%
21	ホテルの宴会場で飲むジュース	%
22	ホテルの客室の冷蔵庫のジュース	%
23	豚肉100キログラム	%
24	生きた豚（体重80キログラム）	%
25	生きた食用の魚	%
26	ペットフード	%
27	日刊新聞（定期購読で配達されたもの）	%
28	日刊新聞（駅の売店で買う場合）	%
29	日刊新聞電子版	%
30	有料老人ホームの食事（１日1,500円）	%

さらに、問題を複雑にしているのが、八%か一〇%かの線引きの問題です。**表16**は、「しんぶん赤旗」にも掲載された「税率クイズ」です。それぞれのケースで税率が何%になるのかというものですが、皆様はおわかりになりますでしょうか。

実は、このクイズは、日本共産党東京都議団の学習会で私が講師を務めたときに、都議のみなさんに考えてもらうために作成したものです。その時は、残念ながら、全問正解者はいませんでした。正解と、その解説を、この章の終わりに載せておきますが、正解を見る前に、一度挑戦してみてください。複雑さが実感できると思います。

似たような商品でも税率が違ったり、同じ商品でも食べる場所で税率が違ったり、本当に複雑です。よく出る質問に対する回答を集めて国税庁が作成した「Q＆A」は、税率に関する部分だけでも六七ページもあります。「コンビニのイート・インで食べる予定で一〇％の税を払ったが、コーナーが満席で食べられず、持ち帰ることに変更した場合、二％は返してもらえるのか？」など、複雑な応用問題は、今後いくらでも発生すると思います。

自動販売機で食券を販売している牛丼店では、「店内」と「持ち帰り」で二％の差をつけたら、一円単位のお釣りが発生してしまって、自動販売機で対応できないなど、技術的な問題も起きてきます。「持ち帰りは容器代として二％取れば、価格を同じにできる」という案もあるようですが、「それでは軽減にならない」という不満も出るでしょう。

使えない「自治体ポイント」

一年遅れで二〇二〇年度から実施する予定ですが、「対策」の一つに、マイナンバーカードを活用した「自治体ポイント」へのプレミアムポイントの付与があります。「自治体ポイント」というのは、マイナンバーカードの交付を受けた人がボランティア活動に参加した場合などに自治体がポイントを付与し、地域内の商店での買い物などに使えるようにする仕組みだそうです。これに政府がポイントをつけ、消費を喚起しようというのです。消費税対策に便乗して、進まないマイナンバーカードの普及をはかろうというのです。

ところが、この「自治体ポイント」というのは、まだ、ごく一部の自治体でしか活用されていません。総務省のホームページから、自治体ポイントが使える市町村を調べたところ、一九年一月初めの段階で、**表17**のように、全国で七二カ所（県が実施しているところを含む）しかありませんでした。（注）使えない地域が圧倒的に多い状況では、消費税対策に役立つはずもありません。

（注）しかも、自治体の中でも全域で使えるとは限りません。東京都で唯一実施している豊島区の場合、使えるのは巣鴨駅周辺の商店だけです。同区には、池袋という大商業地が存在しますが、池袋ではポイントは使えません。

消費不況に効果なく、不公平を拡大

そのほかの「対策」も、全体としての金額は大きいものの、消費の落ち込みを防ぐ効果がはっきりしないものばかりです。

たとえば、「防災・減災、国土強靭化対策」に一・三五兆円を充てていますが、公共事業を増やしても直接には家計にプラスになるわけではありません。消費に対する効果は不明です。

低所得者（住民税非課税世帯）や、子育て世帯（〇−二歳児のいる世帯）を対象に、「プレミアム付き商品券」を販売するといいますが、これは、二万五〇〇〇円の商品券を二万円で買えるようにするというだけですから、実利は五〇〇〇円だけ。商品券にしたからといって、現金での買い物が商品券に

表17　自治体ポイントを実施している自治体

都道府県	実施自治体数と自治体名	
北海道	2	古平町、鷹栖町
青森県	2	外ヶ浜町、中泊町
岩手県	1	一関市
宮城県	1	石巻市
秋田県	0	なし
山形県	1	三川町
福島県	0	なし
茨城県	1	笠間市
栃木県	3	真岡市、益子町、茂木町
群馬県	1	前橋市
埼玉県	2	川口市、所沢市
千葉県	3	船橋市、成田市、いすみ市
東京都	1	豊島区
神奈川県	1	相模原市
新潟県	0	なし
富山県	2	富山市、射水市
石川県	0	なし
福井県	1	越前市
山梨県	2	市川三郷町、小菅村
長野県	2	塩尻市、山ノ内町
岐阜県	3	岐阜県、可児市、下呂市
静岡県	2	袋井市、湖西市
愛知県	3	犬山市、大府市、尾張旭市
三重県	1	津市
滋賀県	0	なし
京都府	6	京都府、福知山市、舞鶴市、綾部市、亀岡市、木津川市
大阪府	1	泉佐野市
兵庫県	1	南あわじ市
奈良県	3	天理市、明日香村、王寺町
和歌山県	3	和歌山市、橋本市、白浜町
鳥取県	0	なし
島根県	0	なし
岡山県	1	井原市
広島県	1	福山市
山口県	1	山口市
徳島県	1	徳島県
香川県	1	高松市
愛媛県	1	松山市
高知県	3	南国市、田野町、中土佐町
福岡県	3	柳川市、大川市、宗像市
佐賀県	1	伊万里市
長崎県	1	平戸市
熊本県	4	八代市、玉名市、阿蘇市、小国町
大分県	1	竹田市
宮崎県	2	都城市、川南町
鹿児島県	2	さつま町、大崎町
沖縄県	0	なし
合　計	72	

（出所）総務省のホームページ掲載データから集計、18年末現在
（注）地域の商店などでポイントが使える自治体のみ（このほかに、「図書館でカードが使える」という自治体があるが省略）。

代わるだけですから、消費が増えるとしても五〇〇〇円の効果しかありません。その五〇〇〇円も「貯蓄されてしまうかもしれない」という見方もあります。

前回増税時は、同じ住民税非課税世帯に、一人一万円（年金受給者は五〇〇〇円プラス）の臨時福祉給付金を支給しており、これに比べても「対策」としては小粒です。なお、「軽減税率」による効果は、低所得世帯では年間一万円前後ですから、これを加えても、まだ前回の「対策」に追いつかない程度です。

なお、臨時福祉給付金ならば、買い物するときは現金で買うので問題はありませんが、商品券だと買い物するたびに「私は低所得者です」と言って回るようなものになるという点にも、多くの怒りの声が上がっています。

一方、「対策」の中には、低所得者には恩恵が少なく、むしろ高所得者に有利になるものが少なくありません。たとえば、住宅ローン減税の拡充や「住まい給付金」、自動車への減税などです。これらは、住宅や自動車を購入するだけの資力がなければ、対象になりません。逆進的な消費税による不公平を、さらに拡大することになります。

年金生活者支援給付金は、基礎年金しかないような低年金者に、最大で月五〇〇〇円、年間六万円を上乗せ支給するというものです。そもそも一五年一〇月に実施するはずだったのが、増税とともに先送りされてきたものです。ただ、この給付金は、五〇〇〇円もらえるのは四〇年加入の人だけです。加入年数に比例して減っていきますから、最低の一〇年加入の人は、月一二五〇円しかもらえません。低年金者ほど恩恵が少ない仕組みです。

「ポイント還元」六つの害悪

「愚策中の愚策」といえるのが、キャッシュレス決済の際の「ポイント還元」です。これは、カード業界への事前の相談もないまま、安倍首相が思いつきのように言いだし、最初は「二％還元」と言っていたのに、それではインパクトが少ないからと「五％」に引き上げ、コンビニなどについては再び「二％」に戻すなど、右往左往を繰り返しています。決め方も「愚策」ですが、中身も大変な「愚策」です。現時点で考えられる点だけでも、少なくとも六つの害悪、問題点があります。

①消費への効果が見えない

現在、クレジットカードや電子マネーによるキャッシュレス決済の規模は年間七〇兆円近くになっています。これが全部、ポイント還元の対象になったら大変な額ですが、実際には、「中小店に限る」とか「手をあげた店舗と、手をあげたカード会社に限る」とか、さまざまな限定があります。どれだけの取り引きが対象になるかわかりません。ポイント還元の期間は、一九年一〇月から二〇年六月までの九カ月間とされていますが、一九年度予算に計上された六カ月分の予算額は、ポイント分だけだと一七八六億円です。五％還元なら、元の取り引き額は三・六兆円、二％還元で計算しても、元の取り引きは八・九兆円です。せいぜい、五兆円前後の取り引きしか、ポイント還元の対象とならないと見ていることになります。この程度では、消費の落ち込みを防ぐほどの効果はないでしょう。

②九カ月後に反動減も

しかし、やってみたら意外と利用者が増え、予算が途中で足らなくなるという可能性もないわけではありません。九カ月間の終わりあたりには、「駆け込み利用」も増える可能性もあります。しかし、そうなればなったで、期間終了後の「反動減」の心配が出てきます。カード決済の利用者にとっては、五％還元がなくなるのは、二％の増税よりも大きいからです。この「反動減」を防ぐために期限終了後もポイント還元を延長するというようなことになれば、さらに「ばらまき」が増えるかもしれません。

③いっそうの混乱もたらす

ただでさえ、「軽減税率」で複雑化し、混乱が予想されるのに、ポイント還元がそれに輪をかけることになります。政府の案では、中小商店でキャッシュレス決済した場合は五％還元、コンビニや外食チェーンなどのフランチャイズ店（ＦＣ店）でキャッシュレス決済した場合は二％還元、デパートや総合スーパーなどの大手事業者の店ではポイントがつかないとしています。このほか、社会通念的に見て不適切なもの（パチンコ店、風俗店など）、消費税非課税取引が多いもの（病院など）は対象外とするといいます。

この結果、店によって、ポイントが〇％、二％、五％に分かれます。「軽減税率」と組み合わせると、**表18**のように、実質的な税率が「三、五、六、八、一〇」の五種類に分かれることになります。(注)

（注）もし、薬局やドラッグストアのＦＣ店もポイント還元の対象になった場合には、消費税非課税となっている保険適用の処方箋薬にも、ポイントがつく可能性があります。そうなると、「マイナス五％、マイナス二％、〇％」という三段階が加わり、全部で八段階と、さらに複雑になるかもしれません。

コンビニや外食チェーン店は、みな似たようなスタイルをしており、直営店かＦＣ店か、客には判別できません。ポイント還元がある店とない店ができたら、混乱やトラブルは必至です。「何％還元の店」と看板を出すことを、義務付けなくてはならないかもしれません。また、同じチェーン店でも、電子マネーなどのカードのどれが使えるかは、店によって違います。電子マネーの中には、ポイントをためる仕組みが備わっていないものもあります。

表18　「軽減税率」とポイント還元を考慮した場合の実質税率

購入方法と店舗		「軽減」あり	「軽減」なし
現金で購入		8％	10％
キャッシュレス	大手業者の店舗		
	FC店	6％	8％
	中小店	3％	5％

経産省は、中小店かどうかは、中小企業基本法などの基準（資本金や従業員数）によって判断するといいますが、同じ業態でも資本金などはさまざまです。たとえば、プロサッカーチームのクラブの場合、資本金一五・七億円の鹿島アントラーズから、資本金一〇〇〇万円のガンバ大阪まで、大きな差があります。（注）どのチームのホームスタジアムで観戦したかによって、ポイント還元が違ってくるのでしょうか。

（注）ガンバ大阪は親会社がパナソニックなので、中小企業とはみなされないかもしれません。では、資本金八〇五二万円の大分トリニータはどうなるのでしょうか。

④不公平を広げる

クレジットカードは、高所得で信用の高い人ほど、利用限度額が高くなり、たくさんのポイントを稼げる可能性が高くなります。無職の人など、信用の低い人はカードをつくれません。ポイント還元は高所得者に有利になります。(注)

（注）カードが使える店は大都市に多いため、地域による不公平が生じるという指摘もあります。店舗数についての地域別の統計データは見当たりませんでしたが、人口当たりのクレジット契約数（カード保有枚数）では、最高の東京が最低の沖縄の二倍となっています。

ポイント還元は中小店に限定するといいますが、中小店が低所得者向けというわけではありません。むしろ、高所得者の方が高級商品を扱う中小の専門店を利用し、低所得者はスーパーやドラッグストアで買い物していることが多いでしょう。銀座の高級寿司店で食事をしたらポイントがついて、回転寿司のチェーン店ではポイントがつかない、高級テーラーで四〇万円のスーツを仕立てたら二万円のポイントがつき、チェーン店の二着三万円のスーツにはポイントがつかないなど、不公平が広がります。

⑤業者には新たな負担

これまでキャッシュレス決済を導入していなかった店が新たに導入しようとすれば、カード読み取り機の設置やカード会社への手数料など、新たな負担が生じます。手数料は業種によっては五％以上にもなる場合があるようです。政府は、手数料も一部補助するといいますが、九カ月の期間終了後はどうなるのでしょうか。

業者の負担はそれだけではありません。現金販売の日銭商売ならば、毎日の売り上げを使って翌日の仕入れができます。キャッシュレス決済の場合は、現金が入ってくるのは月末か半月ごとになります。その間の資金繰りのために、追加の費用が必要になります。

⑥不正利用のおそれ

ポイント還元が不正利用されるのではないかという問題も浮上しています。複数の業者の間で、一〇〇万円の商品の売買を繰り返すと、売買のたびに五万円のポイントが生じ、理論的にはいくらでも稼げるということになります。売り上げも仕入れも一〇〇万円なので、いくら売買が増えても、消費税の納税額は増えません。(注)

（注）不正利用とは言えませんが、事業者が事業のために使う資材や備品を購入するときにカードを使うと、ポイントが還元されてしまうという問題も指摘されています。個人消費のための購入か、事業目的の購入か、カード会社には区別できないからです。事業用に購入した場合は、仕入税額控除の対象になるので、実質的な消費税負担はゼロです。それにポイントがつけば、実質的にはマイナス五％かマイナス二％になってしまいます。

貴金属などの商品がポイント還元の対象となるとすれば、この売買を繰り返すことでポイントを稼ぐ可能性も出てきます。五〇〇グラム単位の金地金の場合、売買価格の差は二％程度です。二％損しても五％のポイントがつくなら、一回の売買で三％得します。もっとも、貴金属店ではクレジットカードは扱わないのが一般的なようです。しかし、電子マネーやデビットカードなら、どうなのでしょうか。

キャッシュレス推進策への疑問

政府は、以前からキャッシュレス決済の普及を方針としてきました。一七年六月の「未来投資戦略二〇一七」では、「今後一〇年間（二七年六月まで）にキャッシュレス決済比率を倍増し、四割程度とすることを目指す」とされました。一八年四月に経済産業省が発表した「キャッシュレス・ビジョン」でも「二七年までに四〇％」という目標が引き継がれています。ところが、今回の消費税対策を機に、目標が「二五年までに四〇％」に前倒しされました。消費税対策に便乗して、キャッシュレス化をいっそう促進しようという意図です。

「キャッシュレス・ビジョン」では、二〇一五年時点で日本のキャッシュレス比率は一八・四％しかなく、韓国（八九％）、中国（六〇％）、イギリス（五五％）に比べて遅れていると指摘し、促進の重要性を強調しています。ただ、こうした議論には違和感があります。

一つは、キャッシュレス比率の計算方法の問題です。経産省の計算では、ＧＤＰベースの「家計最終消費支出」を分母としていますが、第2章で指摘したように、ここには「持ち家の帰属家賃」が五

○兆円も含まれています。帰属家賃は「架空の消費」に過ぎず、キャッシュレスどころか、支払いそのものが存在しない、いわば「ペイレス」です。こんなものを分母に含めるのが適切でしょうか。

分子についても問題があります。経産省の計算では、キャッシュレスに算入されているのは、クレジットカード、デビットカード、電子マネーだけです。日本では、銀行口座引き落としによる支払いが普及していますが、これは「個人の取り引きと企業の取り引きが区別できない」、「同一銀行内での送金の統計データがない」などの理由で計算に入っていません。

私自身の経験でいうと、クレジットカードは持っていますが、日常的にはインターネット使用料の支払いに使うだけで、その他は、たまに航空券の予約に使うだけです。これだけだと、キャッシュレス比率は一％にもなりません。しかし、UR住宅家賃の支払いをはじめ、水光熱費、電話代、NHK受信料などはすべて銀行口座引き落としで、これらが年間消費の三割以上を占めます。子どもたちが小さかったころは、保育料も小中学校の給食費も高校の授業料も口座引き落としだったので、四割以上を占めていたのではないでしょうか。銀行口座引き落としも含めるなら、「キャッシュレス比率四割」をとっくに達成していたことになります。

日本クレジット協会の統計データによれば、クレジットカードの信用供与額は一七年に五八・三兆円ですが、毎年四兆～五兆円増えています。このほか、デビットカードや電子マネーを含めれば、消費税増税時点では七〇兆円前後に達していると思います[(注)]。帰属家賃を除く家計消費支出は二四〇兆円弱ですから、これだけでも、すでにキャッシュレス化が三割に達していると言えます。銀行引き落としも加えれば、おそらく四割に達しているでしょう。「キャッシュレスは便利だ」と思う人が利用するのはけっこうですが、政府をあげてポイント還元をしてまで、急ぐ必要があるのでしょうか。

（注）日銀などの統計によれば、電子マネーによる決済は一七年に五・二兆円、デビットカードは一六年に〇・四兆円となっています。

幼児教育「無償化」をめぐる諸問題

幼児教育や保育の「無償化」を行うことは、「対策」以前から決まっていたことですが、当初は二〇年四月からとされていた「無償化」を、半年早めて増税と同時に実施することになりました。このことを理由に「対策」の一つとされています。

「無償化」そのものは、子育て世帯にとっては利益となることには違いありませんが、具体化の方法によっては、さまざまな問題が起きることが予想されます。

①待機児童の増加

「無償化」で保育の希望者が増加すれば、待機児童問題がさらに深刻化するおそれがあります。政府は「保育の受け皿づくりを急ぐ」としていますが、最近の特徴は、**表19**のように、「企業主導型保育事業」の比重が高くなってきていることです。企業主導型保育所は、保育士が通常の保育所の半分でいいのに、手厚い補助が出るため、企業が競って手をあげているのです。

しかし、この中には補助金目当てであまり保育のニーズのない地域に立地している例も多く、保育

表19　「保育の受け皿」の拡大量

（単位：人）

年度	2013	2014	2015	2016	2017
市区町村拡大量	72,430	147,233	94,585	93,055	68,423
認可保育所		▲ 13,505	▲ 13,929	▲ 10,376	▲ 7,196
幼保連携認定こども園		138,920	87,152	85,969	80,724
その他の認定こども園		9,249	5,827	5,433	7,578
小規模保育事業		21,774	16,101	15,673	13,888
事業所内保育事業		2,194	2,039	2,464	2,501
その他		▲ 11,399	▲ 2,605	▲ 6,108	▲ 29,072
企業主導型保育事業				20,284	39,419

（出所）厚生労働省「待機児童解消加速化プラン」集計結果による
（注）2013年度は内訳が不明。「その他」は、家庭的保育事業、地方単独保育施策など。

内容への親の不安もあり、空きが目立ちます。共同通信が一八年夏に実施した調査では、利用率が四九％にとどまっていました。半分も空きがあるのです（注）。子どもが集まらず、職員への給与が未払いになって、職員全員が辞めてしまったという事例も出ています。これでは安心して子どもを通わせられません。

（注）最近公表の政府資料（一九年一月二一日、内閣府の「企業主導型保育事業の円滑な実施に向けた検討委員会」提出資料）でも、一七年八月時点の定員充足率は五二・九％、一八年三月時点でも六〇・六％でした。

②低所得者への恩恵は少ない

一八年末に政府が発表した資料（表20）では、今回の「無償化」に充てる費用の多くが、比較的高所得の世帯に振り向けられることがわかりました。保育所の場合は、年収約六四〇万円以上の世帯に約半分、幼稚園でも、年収六八〇万円以上の世帯に四割近くが振り向けられます。一方、低所得世帯に振り向けられるのはごくわずかです。これは、生活保護世帯をはじめと

表20　幼児教育・保育の「無償化」費用の収入階層別内訳

〈保育所〉

階層区分	人数（万人）	今回の費用（億円）	構成比（%）	1人当たりの費用（万円）
生活保護世帯	3	0	0.0	0.0
～約260万円	31	48	1.0	1.5
～約330万円	17	173	3.7	10.2
～約360万円	8	134	2.9	16.8
～約470万円	20	463	9.9	23.2
～約640万円	40	1,524	32.7	38.1
～約930万円	35	1,612	34.6	46.1
～約1130万円	8	394	8.5	49.3
約1130万円～	6	309	6.6	51.5
合　　計	167	4,656	100.0	27.9

〈幼稚園〉

階層区分	人数（万人）	今回の費用（億円）	構成比（%）	1人当たりの費用（万円）
生活保護世帯	1	2	0.1	2.0
～約270万円	10	46	1.9	4.6
～約360万円	17	213	8.6	12.5
～約680万円	71	1,266	50.9	17.8
約680万円～	42	958	38.5	22.8
合　　計	140	2,486	100.0	17.8

（出所）内閣府資料（18年12月28日公表）

した低所得世帯は、いまでも保育料が軽減されているからです。

政府資料から、子ども一人当たりの「無償化」費用を計算すると、保育所の場合、年収一〇〇〇万円前後の世帯には五〇万円前後となりますが、年収三〇〇万円以下の層では数万円にしかなりません。

③給食費などで負担増のおそれも

それどころか、低所得者の場合は、このままだと負担増になってしまうケースも考えられます。低所得世帯や子どもの多い世帯には、これまでも保育料の減免が適用されている市町村も少なくありません。免除になっていた場合、「無償化」されても負担は変わりません。一方、政府は「給食費は無償化の対象外」としていますから、これまでは保育料に含まれて無料だった給食費が徴収されるようになり、かえって負担増になってしまう場合が考えられることです。(注)これに対しては、市町村ごとに「低所得者などへの給食費減免」の措置を創設するなどの対応が必要になります。

（注）厚生労働省の「公定価格」では、保育所の給食費は、月額七五〇〇円（主食費三〇〇〇円、副食費四五〇〇円）と、かなり高い金額になっています。もし、これを丸ごと徴収したら、これまでの保育料が七五〇〇円未満だった人は、「無償化」されても逆に負担増になってしまいます。

④市町村の負担が増える

政府の試算では、「無償化」に要する費用は年間七七六四億円で、一九年度は半年間なので三八八二億円とされています。一九年度は全額国が負担しますが、二〇年度からは、私立保育所や私立幼稚園、認可外施設などは国が五〇％、都道府県と市町村が二五％ずつの負担になります。さらに、公立保育所や公立こども園の分一六三五億円は、全額市町村負担となります。これには地方消費税の増収分が充てられるほか、地方交付税措置がされることになっていますが、不交付団体の場合は市町村の持ち出しが増えることになります。

「駆け込み・反動減」対策の出発点に誤り

なぜ、政府の「対策」の多くが、かえって不公平を広げるようなものになってしまうのでしょうか。それは、「駆け込み・反動減」への対策に重点を置いた、政府の発想そのものに問題があるからだと思います。今回の政府の「対策」の出発点となったのは、一八年六月の「骨太の方針」ですが、そこで強調されたのは、ヨーロッパでは増税の際に日本のような「駆け込み・反動減」が起きていないとして、日本でも消費への影響を平準化する対策が必要だということでした。これを出発点として具体化された「対策」ですから、「駆け込み・反動減」への対策が重点になっているのです。

ところが、この「駆け込み・反動減」という認識自体に問題があるのです。「駆け込み・反動減」というと、同じ人が増税前に買い急ぎをして増税後は買い控えるというイメージを抱きますが、実際には、「増税前に買い急ぐ人」と「増税後に買い控える人」は別の人なのです。**図20**は、年収五分位の一番下（第一分位）と、一番上（第五分位）の層の、前回増税前後の実質消費の動きを示したものです。第五分位では顕著な「駆け込み」が起きていますが、増税後の落ち込みは比較的小さくなっています。これに対して、第一分位では「駆け込み」は小さく（三月に多少起きていますが、二月が減っており、「駆け込み」というより、二月に我慢して三月に買っただけのようにも見えます）、増税後の落ち込みは大きくなっています。

そもそも、「駆け込み消費」をするためには、二つの条件が必要です。一つは「駆け込み」をするだけの資金的な余裕があることです。いくら早く買った方が得だからといっても、二～三％の違いだけで、サラ金に借金したり、生命保険を解約したりしてまで「駆け込み」をする人はいません。もう一つは、「駆け込み」に適した、耐久性のある商品を買う必要があることです。自動車とか、電気製品とか、衣類とか、そういうものです。日々の生活だけで手一杯で、食料品しか買わないような人

図20　前回消費税増税前後の実質家計消費支出の推移

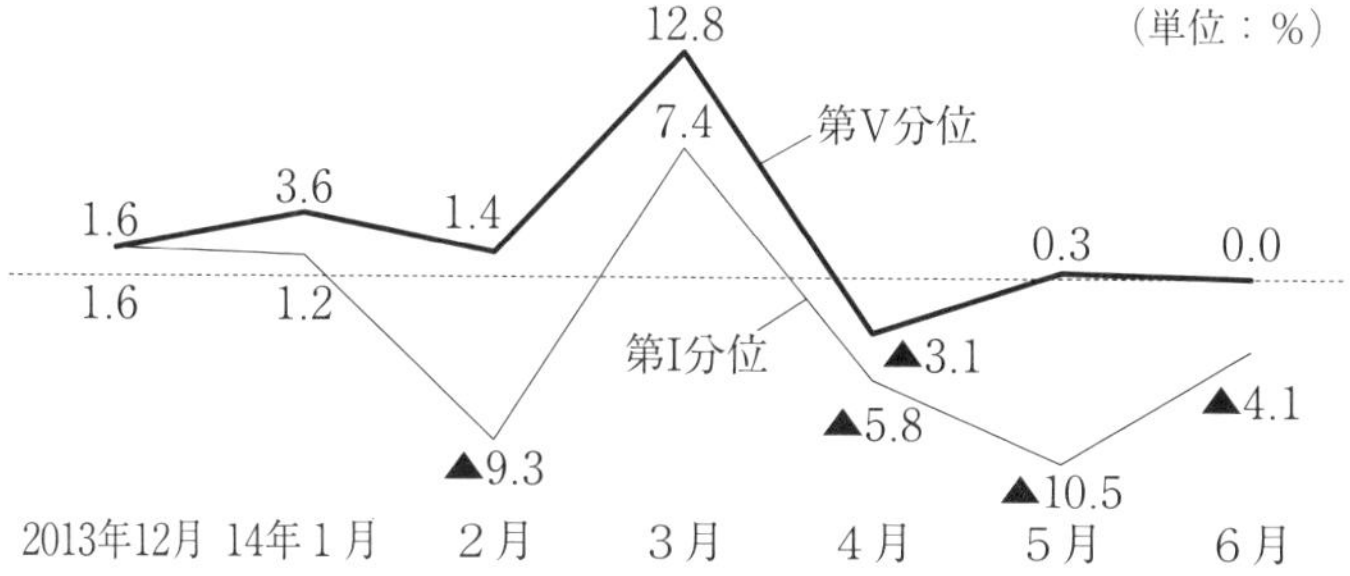

（出所）総務省「家計調査」
（注）２人以上世帯５分位別の第Ⅰ・第Ⅴ分位データを消費者物価指数で実質化した値の対前年同月比増減率。

は、豆腐や納豆を半年分まとめて買うわけにはいきませんから、「駆け込み」はできません。この二つの条件を考えれば、高所得者ほど「駆け込み」をしやすいということになります。

第２章で明らかにしたように、消費税の影響は「駆け込み・反動減」だけではありません。むしろ、消費税が家計の購買力を奪う「所得効果」こそが、長期にわたる消費不況をもたらしているのです。政府の「対策」は、この出発点を見誤っているため、「駆け込み・反動減」に重点を置いたものとなり、必然的に高所得者に有利で、不公平を拡大するものになってしまうのです。

増税中止こそ唯一の「対策」

以上のように、政府の「対策」は、①増税規模を上回る「ばらまき」、②消費への効果が不明、③混乱を拡大、④不公平を拡大、⑤事業者の負担増、⑥不正利用のおそれ――など、文字通り「百害あって一利なし」の「天下の愚策」にほかなりません。消費税への「対策」というなら、増税を中止することこそが、唯一の対策です。

表21　「クイズ」の正解と解説

	商品や取引の内容・形態	税率
1	ハンバーガーを買って持ち帰る	8%
2	ハンバーガーを店内で食べる	10%
3	ハンバーガーを公園のベンチで食べる	8%
4	そばやピザの出前をとる	8%
5	店で食べ残した寿司を持ち帰る	10%
6	水道料金	10%
7	ペットボトル入りの飲料水	8%
8	オロナミンC（大塚製薬）	8%
9	リポビタンD（大正製薬）	10%
10	ノンアルコールビール	8%
11	本みりん	10%
12	みりん風調味料	8%
13	いちご狩の入園料	10%
14	列車の座席で食べる駅弁	8%
15	映画館の売店での飲食物の販売	8%
16	カラオケボックスでの飲食物の提供	10%
17	学校給食	8%
18	学生食堂のランチ	10%
19	入院時の病院食（通常メニュー）	0%
20	病院食（患者希望による特別食）	10%
21	ホテルの宴会場で飲むジュース	10%
22	ホテルの客室の冷蔵庫のジュース	8%
23	豚肉100キログラム	8%
24	生きた豚（体重80キログラム）	10%
25	生きた食用の魚	8%
26	ペットフード	10%
27	日刊新聞（定期購読で配達されたもの）	8%
28	日刊新聞（駅の売店で買う場合）	10%
29	日刊新聞電子版	10%
30	有料老人ホームの食事（1日1,500円）	8%

〈解説〉

1～3　店内もしくは店の近くに事業者が提供するテーブルやいすがあり、そこで食べる場合は「外食」となり10%

　デパート内のフードコートのような、複数店舗共用のスペースも同じで10%

　公園のベンチのように、本来は食事目的で設置されていない場所での飲食なら8％

4～5　はじめから家で食べる予定の出前は、持ち帰りと同じで8％、買った時点で判断するので「食べ残し」は10%

6～7　水道水は飲用だけでなく、風呂や洗濯に使うので10%、ペッ

トボトル入りは主に飲用なので８％
８～９　オロナミンＣは清涼飲料でジュースやコーラと同じ８％、リポビタンＤは医薬部外品なので薬並みの10%
10～12　酒税法上の「酒類」（アルコール分１度以上）は10%、そうでなければ８％
13　入園料は10%、ただし、採ったいちごを別に料金を払って持ち帰る場合は８％
14～16　列車の座席や映画館の座席は、本来、食事目的ではないので８％（なぜカラオケだけ10%??）
17～18　全員が義務的に食べる給食は８％、利用するかどうか選択自由である学生食堂は10%（なお、幼稚園の給食費は８％で、保育所や認定こども園は非課税）
19～20　病院食は保険適用外だが「療養」の一部なので保険医療に準じて非課税、ただし特別食は10%
21～22　宴会場で飲むと外食扱いで10%、冷蔵庫にあるのは自販機で買うのと同じなので８％
23～24　量にかかわらず、肉として解体・加工されたものは８％、生きた豚、牛、鶏などは10%
25　食用の魚は生きていても８％、ただし金魚や熱帯魚など観賞用は10%
26　ペットフードは、たとえ人間が食べるために買っても10%
27～28　「週２回以上発行」で「契約購読」するものは８％、駅やコンビニで買うのは日刊紙でも10%
29　電子版は「新聞の譲渡」ではなく「電気通信利用役務の提供」として、音楽配信などと同じ扱いになり10%
30　有料老人ホームの食事で軽減となるのは、「１食640円以下」、「（間食含めた）１日合計が1,920円以下」の場合

さらに詳しい説明が知りたい方は、国税庁のホームページに掲載されている「消費税の軽減税率制度に関するＱ＆Ａ（個別事例編）」をお読みください。

第5章　消費税によらずに財源は確保できる

消費税が一九八九年四月に導入されてから、まもなく満三〇年を迎えます。この三〇年間で累計三七二兆円の消費税が国民から搾り取られました。二〇一八年末に閣議決定された一九年度予算の、増税分を含む消費税収を加えれば、三一年間で三九七兆円ということになります。国民一人当たり三〇〇万円以上も払ってきた勘定です。

しかし、**図21**のように、それとほぼ同じ期間に、地方税を含む法人三税は累計で二九八兆円も減ってしまいました。所得税と住民税も、あわせて二七五兆円減ってしまいました。これでは、穴のあいたバケツで水をくむようなものです。消費税は、法人税や所得税の穴埋めに、すべて消えてしまったのです。

消費税は財政も社会保障も悪くした

政府は、消費税増税は「社会保障のためだ」とか「財政を健全化するためだ」とか言います。しかし、消費税をいくら集めても、法人税や所得税の穴埋めで消えてしまったのでは、財政も社会保障も良くなるはずがありません。

実際、消費税導入後の三〇年間、財政は悪化の一途を続けました。消費税が導入された当時は、国と地方あわせた長期債務は二四六兆円、ＧＤＰ比で六一％でした。三〇年後の今、長期債務は一〇五〇兆円と四倍以上に増え、ＧＤＰ比で一九〇％までになっています。(注)

図 21　消費税収の推移と、法人３税、所得税・住民税の減収額の推移

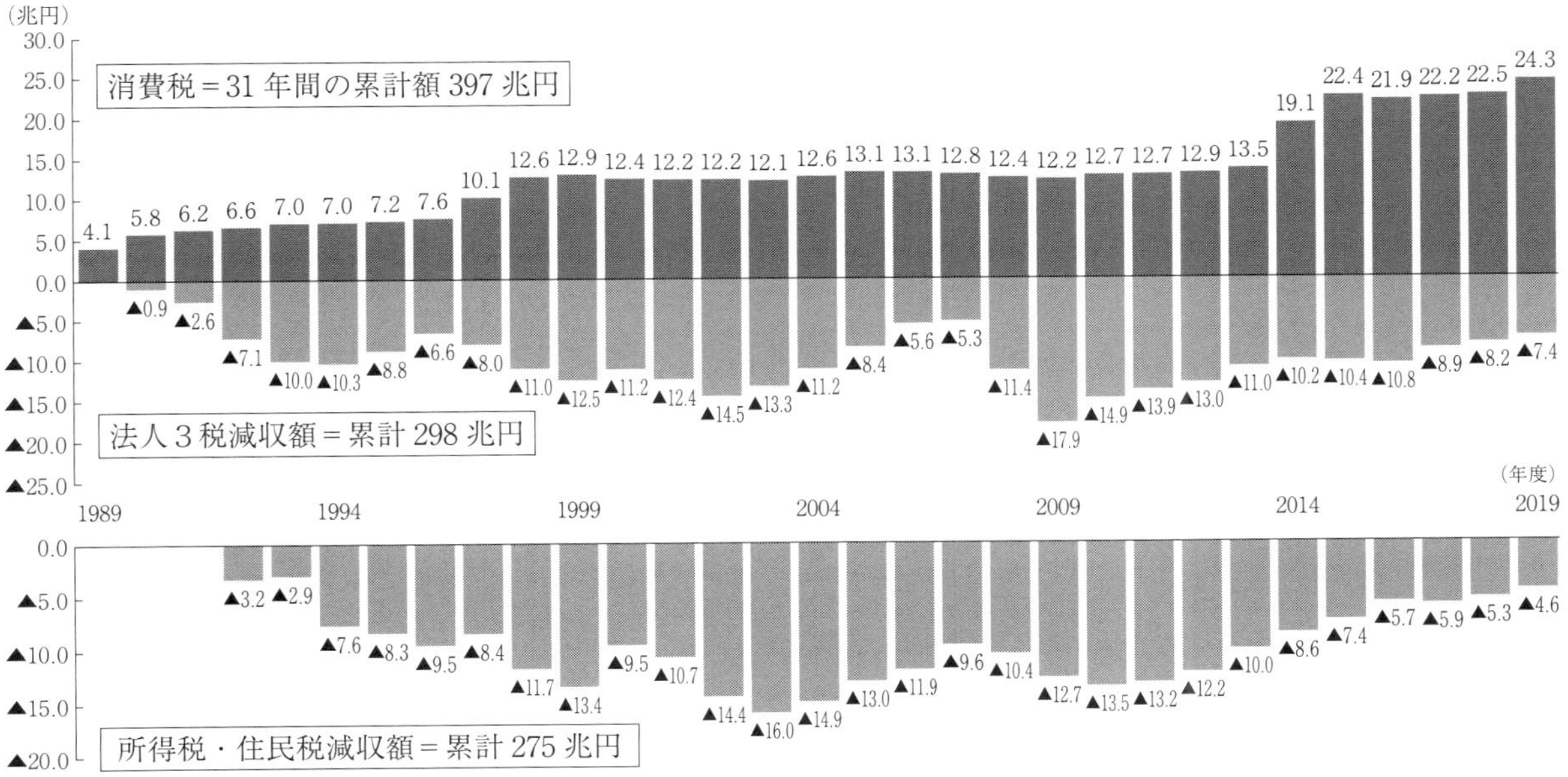

(出所) 各年度の決算書（予算書）から作成

(注) 17 年度までは決算または決算見込み額、18 年度は国は補正後、地方は当初予算額、19 年度は国・地方とも予算額。消費税は地方分（消費譲与税、地方消費税）を含む。法人３税は、法人税、法人住民税、法人事業税のほか、地方法人税、地方法人特別税、復興特別法人税などを含む（ピーク時の 89 年度比減収額）。所得税・住民税は、所得税、個人住民税のほか、復興特別所得税を含む（ピーク時の 91 年度比減収額）。

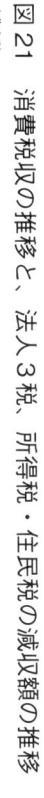

（注）財務省「我が国の財政事情」（一九年度予算版）、一八年度末の金額。

社会保障も改悪の連続です。厚生年金の支給年齢は六〇歳から六五歳に繰り延べされ、マクロ経済スライドなどによる削減の仕組みもつくられました。サラリーマンの医療費窓口負担は一割から三割に増え、定額八〇〇円だった高齢者医療の負担も一～三割に増えました。介護保険制度がつくられ、高い保険料は取られますが、介護を受けられる保障はありません。生活保護も削減が繰り返されています。

なぜ、消費税を導入しても、財政も社会保障も悪化したのでしょうか。

一つは、消費税を増税するたびに消費不況が繰り返され、経済が長期に低迷してきたからです。消費税増税だけが不況の原因というわけではなく、バブル崩壊や、国際情勢の変化など、さまざまな要因があるとは思いますが、消費税の歴史が、過去三〇年間の長期の経済の低迷状態と重なっていることは無視できません。

もう一つは、もともと消費税は「社会保障のため」ではなく、「直間比率の是正」という財界の要求を受けて創設されたものだったということです。「直間比率の是正」とは、法人税や所得税のような直接税を減らして、消費税のような間接税を増やせということです。大企業の負担になる法人税を減らして、大企業は一円も負担しない消費税を増やせということです。実際、その方向が進められた結果、消費税収は増えましたが、法人税や所得税は減ってしまったのです。

さらに、将来の消費税を当て込んで、歳出の浪費が拡大したことです。消費税増税後、九〇年代には、最高時には年間五〇兆円にも上る公共事業が行われるなど、歳出面での浪費が拡大しました。これには、アメリカからの「公共事業を増やせ」という圧力があったこともありますが、それを日本政府が唯々諾々と受け入れた背景には、消費税の存在がありました。消費税は、当初五％の案もありましたが、国民の抵抗をやわらげるために、三％でスタートしました。当時の政府は「小さく産んで大きく育てる」と説明しました。公共事業の浪費拡大の裏には、「借金が増えたら、消費税を増税して返せばいい」という安易な考え方があったのです。

このように、消費税が創設されたことで、それがかえって浪費を増やし、他の税収を減らして、財政危機を深刻化させてきたのです。

「消費税＝社会保障財源」論のワナ

もともとは、消費税の目的は「直間比率の是正」であって、「社会保障のため」という説明ではなかったのですが、国民の反対の中で増税を進めるために、「社会保障のため」という説明がされるようになってきました。一九九九年には「消費税の社会保障目的化」の方針が決められ、毎年の予算の総則に、消費税収を充てる予算項目は何かが、記載されるようになりました。さらに、二〇一二年に八％・一〇％への増税を決めた際には、消費税法の第一条に、次のような規定が追加されました。

「消費税の収入については、地方交付税法に定めるところによるほか、毎年度、制度として確立された年金、医療及び介護の社会保障給付並びに少子化に対処するための施策に要する経費に充てるものとする」

政府は、このことを根拠に、「消費税は社会保障と少子化対策に使っている」というのです。しかし、この議論には危険なワナが仕掛けられています。

第一に、社会保障などの財源規模が小さければ、それが天井になって、消費税はそれ以上増やせませんが、実際には社会保障の予算の方が消費税収よりずっと多いので、消費税増税の歯止めになりません。

第二に、消費税を増やしても、社会保障予算が以前より増えるのでなければ、消費税は既存の他の社会保障財源と置き換わるだけになります。その場合には、消費税以外の財源が余ってくる計算になり、これは社会保障以外に、政府が自由に使えることになります。これが例えば軍拡に使われたとすれば、結果的には、消費税で軍拡したのと、同じことになります。

この問題は、理解しにくいので、たとえ話を紹介しましょう。大学生の息子に、授業料として一〇〇万円、生活費として一〇〇万円を仕送りしている親がいるとしましょう。息子の方は、アルバイトで一〇〇万円稼ぐのですが、全部遊びに使ってしまう。見かねた親が小言を言うと、息子は「わかった。俺、バイト代は全額、大学の授業料に充てるよ」というので、「これはまた、殊勝なことを」と感心していたら、息子は続けて、こう言いました。「その代わり、仕送りのうちの一〇〇万円を使って遊ぶから」。

「消費税の社会保障目的化」も、この息子の「バイト代の授業料目的化」と、あまり変わらないのです。

第三に、最近では「消費税は社会保障に使う」ではなく「社会保障は消費税で賄う」ということになってきています。一二年に成立した「社会保障制度改革推進法」には、次のように書いてあります。

「国民が広く受益する社会保障に係る費用をあらゆる世代が広く公平に分かち合う観点等から、社会保障給付に要する費用に係る国及び地方公共団体の負担の主要な財源には、消費税及び地方消費税の収入を充てるものとすること」

これは、先ほど紹介した消費税法の規定とは、似ているようで全く違います。たとえていえば「アルバイト代はすべて学費に充てる」というのと、「学費はすべてアルバイト代で賄う」というのとの違いです。前者なら親の援助や奨学金も期待できますが、後者では親の援助や奨学金はなしで、すべてアルバイト代で賄うことになるからです。

「社会保障は消費税で賄う」ことを原則にしてしまうと、国民は「社会保障を削減するか、それとも消費税を増税するか」という「悪魔の選択」を常に迫られることになります。これはとんでもない話です。ヨーロッパなどを見ても「社会保障の財源は消費税で賄う」などと決めている国は一つもありません。消費税だけに財源を限定する必要は何もありません。それどころか、逆進性を持ち、格差を拡大する消費税は、社会保障財源にふさわしくありません。いまこそ、「社会保障と言えば消費税」、「財源と言えば消費税」という呪縛を解き放つときです。

税収の空洞化をただすことは急務

では、消費税によらずに、どうやって財源を確保すればいいのでしょうか。

図22　OECD加盟国の税収比較

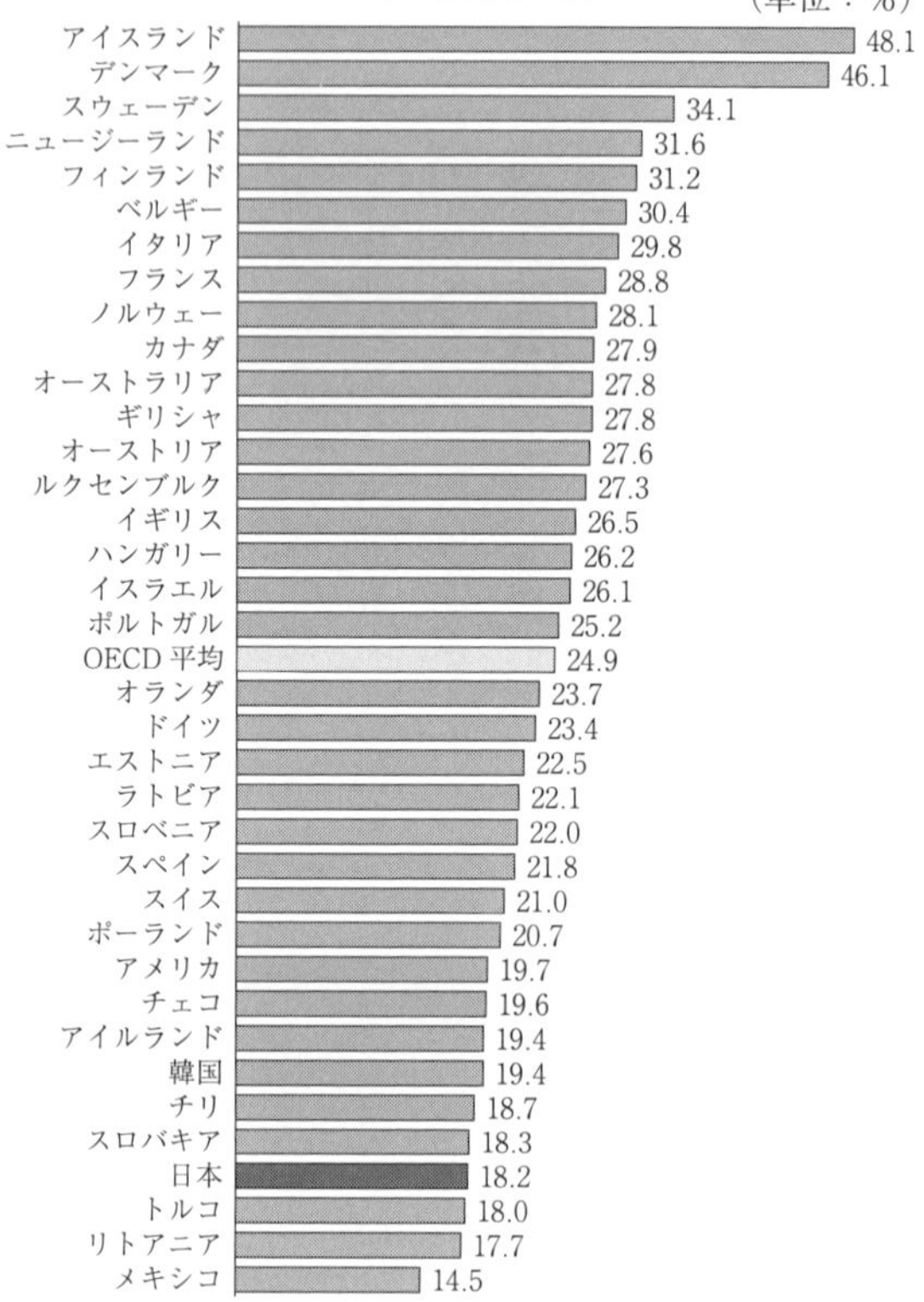

（出所）OECD歳入統計
（注）国・地方の税収の対GDP比（2016年）。

一部には、「財源なんて考える必要はない。いまは超低金利なのだから、国債を増発しても大丈夫だ」という人もいますが、これでは国民は不安でたまりません。［補論2］で説明しますが、今の超低金利をいつまでも続けたら、日本経済は大変なことになります。

かつての民主党政権は、「歳出を削れば財源は出てくる」といいましたが、大掛かりな「事業仕分け」をやっても、たいした財源は出てきませんでした。結局、選挙公約になかった消費税増税を言い出すことになってしまいました。そもそも、日本の財政規模は、ヨーロッパ諸国などに比べれば、かなり「小さな政府」になっています。軍事費や原発推進予算など、無駄な部分はありますが、それを削るだけでは、社会保障の財源は確保できません。

重要なのは、この章の冒頭で示したように、法人税や所得税の税収が大幅に減ってしまっている事態をあらためることです。**図22**は、ＯＥＣＤ（経済協力開発機構）加盟国の「税収の対ＧＤＰ比」を比較したグラフです。日本は三六カ国中で下から四番目です。消費税以外の税収だけで比較しても、下から一一番目です。ヨーロッパの主要国は、いずれも日本より高くなっています。

ちなみに、消費税導入前の一九八八年のデータで比べると、当時はＯＥＣＤ加盟国が二六カ国しかありませんでしたが、日本は上から一八番目、消費税以外の税収だと一二番目でした。当時も決して高くはありませんが、今よりだいぶましです。この三〇年間に「税収の空洞化」が進んでしまったのです。消費税に頼るかどうかは別としても、この税収の空洞化をただすことが急務であることは明らかです。

日本共産党の財源提案

日本共産党は、二〇一二年二月に「消費税増税ストップ！　社会保障充実、財政危機打開の提言」を発表しました。その後、国政選挙のたびに、この提案をバージョンアップした「財源提案」を発表してきました。一七年の総選挙の際の提案の骨格は、**表22**のようになっています。大企業や富裕層に応分の税負担を求めることを中心に、歳出の浪費をなくすことや、社会保険料の改革なども含めて当面一七兆円、将来的には二三兆円の財源を確保することを提案しています。

この中には、富裕税や為替取引税の創設など、制度設計や周知期間が必要なものもありますが、大企業優遇税制の是正（四兆円）や富裕層の証券税制の強化（一・二兆円）などは、現行の税制の枠組

表22　日本共産党の財源提案の概要

(1) 大企業優遇税制（研究開発減税などの租税特別措置・配当益金不算入制度・連結納税制度）の見直し（タックスヘイブン税制の強化を含む）	4.0兆円
(2) 法人税率引下げをやめ、中小企業を除いて安倍政権以前の水準に戻す	2.0兆円
(3) 株式配当の総合課税、高額の株式譲渡所得の税率引上げなど富裕層への証券課税の強化	1.2兆円
(4) 所得税・住民税の最高税率を元に戻す、富裕層の各種控除の見直しなど	1.9兆円
(5) 富裕税の創設、相続税の最高税率を元に戻す	1.1兆円
(6) 被用者保険（厚生年金・健康保険など）の上限引上げ	2.2兆円
(7) 為替取引税・環境税など	1.6兆円
(8) 大型公共事業・軍事費・原発推進など歳出の浪費をなくす	3.0兆円
以上の合計（当面の財源）	17.0兆円
(9) 将来的には「応能負担」の原則に立ち、所得税の税率に累進的に上乗せ	6.0兆円
将来分を含めた合計	23.0兆円

（出所）日本共産党の2017年総選挙政策の「財源提案」による

みの中での手直しですみますから、やる気になればすぐできます。これだけでも、消費税一〇％増税に代わる財源は十分に確保できます(注)。

（注）消費税二％引き上げ分は五・七兆円ですが、「軽減税率」分一・一兆円を差し引けば四・六兆円ですから、五・二兆円あれば、おつりがきます。

大企業に中小企業並みの税負担を

経団連などは、「日本の法人税率は外国に比べて高い」といいますが、大企業は、実際には法律で定められた税率より、ずっと低い率でしか法人税を負担していません。それは、もっぱら大企業だけが利用しているさまざまな優遇税制があるからです。国税庁のデータを使って、一六年度の資本金階級別の法人税の実質負担率を計算すると、**図23**のようになっています。この年の法人税率は二三・四％ですが、中小企業は所得八〇〇万円までの部分に低い税率が適用されるため、若干低い負担率になり、平均すると一八・一％です。ところが、大企業はさらに低く、連結納税企業も含めた大企業全体では、一〇・四％にしかなりません。中小企業の六割以下しか負担していないのです。大企業にせめて中小企業並みの負担を求めたとしても、それは無理な要求ではないでしょう。以下、優遇制度を個別に見ていきましょう。

図23　資本金階級別の法人税実質負担率

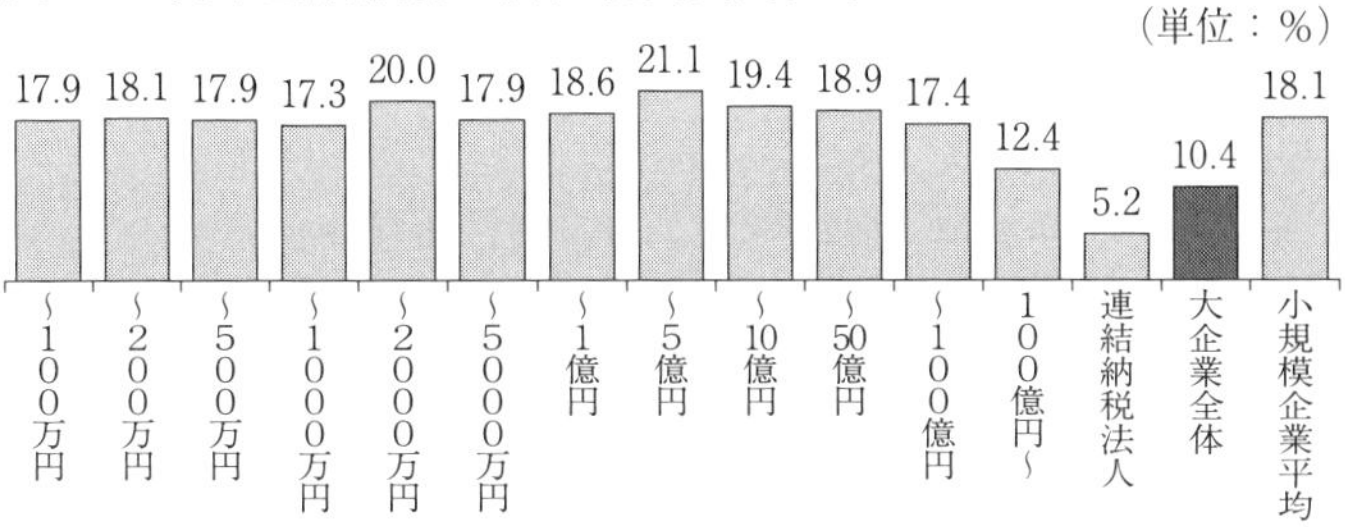

（出所）国税庁「税務統計から見た法人企業の実態（会社標本調査結果報告）」（2016年度分）により作成

（注）実質負担率＝税額控除後の法人税額／本来法人所得。本来法人所得＝法人所得＋受取配当益金不算入等＋引当金等増加額＋連結によって相殺された所得。大企業は、「資本金10億円以上の法人＋連結納税法人」、小規模企業は「資本金１億円以下」。

〈研究開発減税〉

法人税法とは別に、「租税特別措置法」という法律があり、さまざまな特例措置を設けています。租税特別措置法による法人税関係の減税額は、安倍政権発足前の一二年度には約一兆円でしたが、一三年度は一・五兆円、一四年度以降は二兆円前後に増加しています。その中で減税額が最も大きいのが「研究開発減税」です。

研究開発減税は、正式な名称を「試験研究費税額控除」といいます。文字通り、企業が多額の試験研究費を使った場合、その一定割合を法人税額から控除するという仕組み

図24　研究開発減税の推移

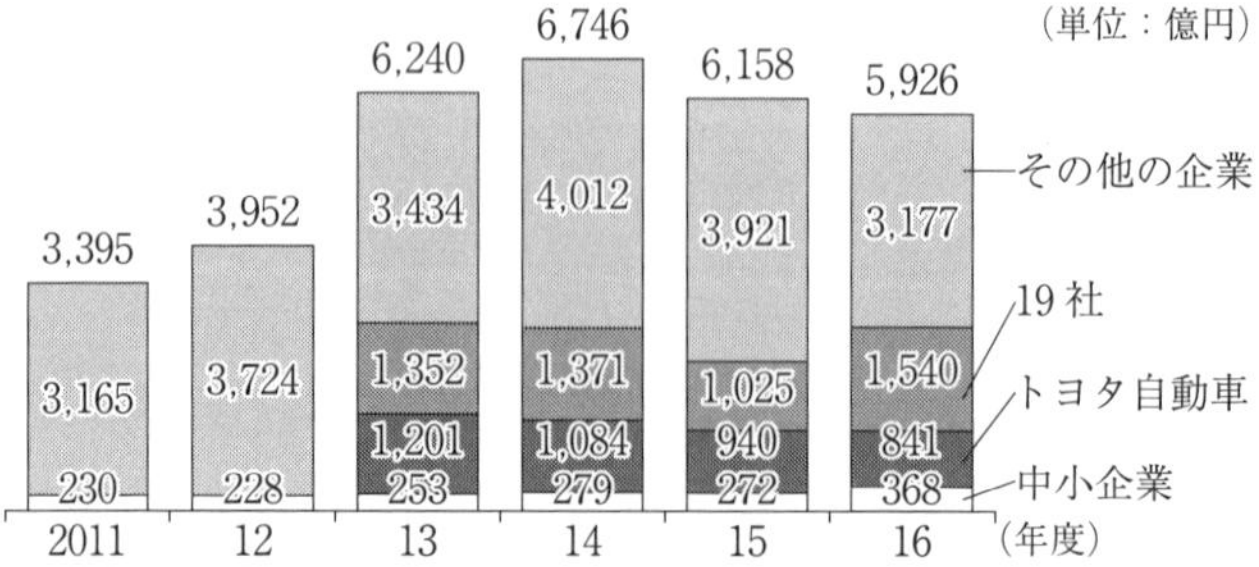

（出所）財務省「租税特別措置の適用実態調査の結果に関する報告書」
（注）「19社」は単体納税法人、連結納税法人それぞれの上位10社、合計20社のうち、トヨタ自動車以外の19社。「中小企業」は、中小企業向けの研究開発減税（中小企業秘術基盤強化税制）などによる減税額。

の減税です。昔は「試験研究費を以前に比べて増やした場合」にしか適用されませんでしたが、小泉内閣時代に制度がかわり、試験研究費の額に応じて減税されるようになりました。研究費が減った場合でも減税になるため、減税額も大きく増えました。**図24**は、その推移を示したものです。最近では毎年六〇〇〇億円前後になっています。

租税特別措置については、それぞれの措置ごとに、上位二〇社の金額は公表されていますが、企業名は不公表となっています。しかし、研究開発減税については、諸般のデータを総合すれば、最近の四年間はトヨタ自動車がトップであることは明らかです。トヨタ自体も否定していません。トヨタの減税額は四年間で四〇〇〇億円を超えています。そのほかの上位も、自動車、電機、製薬などの大企業が占めていると思われます。制度上は中小企業も対象となっていますが、中小企業の比率は三～四％にすぎません。

トヨタをはじめとした大企業各社は、巨額の利益をあげ、莫大な内部留保を持っています。減税などせずとも、研究費に事欠くようなことはありません。特定大企業への事実上の補助金と化している研究開発減税を廃止すれば、六〇〇〇億円の財源が確保できます。

〈そのほかの租税特別措置〉

租税特別措置の中には、中小企業の軽減税率など、中小企業向けの措置も一部ありますが、残りはほとんどが大企業向けです。

一三年度から、所得拡大促進税制、いわゆる「賃上げ減税」が創設されました。一定率以上の賃上げをした企業に減税するというのです。過去四年間の適用状況は**表23**のようになっています。

四年間の適用額を見ると、中小企業も三七％を占めていますが、大企業が半分以上です。これも、一四年度以降のトップはトヨタ自動車です。大企業では二割前後の企業が適用を受けているのに対して、中小企業は

表23　「賃上げ減税」の適用状況

減税額（億円）の推移

年度	2013	2014	2015	2016	4年計	構成比（%）
中小企業	132	790	1,050	1,304	3,276	37.0
中堅企業	58	275	309	363	1,004	11.3
大企業	230	1,414	1,415	1,517	4,576	51.7
合　計	420	2,478	2,774	3,184	8,856	100.0
上位20社	109	496	412	484	1,501	16.9
トヨタ自動車		110	77	116	304	

適用法人数（社）と全法人数に対する適用法人比率（%）

年度	2013	2014	2015	2016
中小企業	9,865	74,186	86,614	95,347
比率	0.4	2.9	3.3	3.6
中堅企業	644	2,651	2,597	2,529
比率	3.9	16.5	16.8	17.2
大企業	365	1,424	1,383	1,258
比率	5.6	25.8	24.5	18.9
合　計	10,874	78,261	90,594	90,594
比率	0.4	3.0	3.5	3.4

（出所）財務省「租税特別措置の適用実態報告書」による

三％台の適用率にとどまっています。

賃上げを政府が支援すること自体は必要ですが、減税などしなくても賃上げが十分可能な大企業に減税する必要はありません。同じ財政支援をするのであれば、最低賃金を大幅に引き上げ、その実施のために中小企業の社会保険料負担に対する支援を行うなど、別の方法をとるべきです。

図 25　受取配当益金不算入額の推移

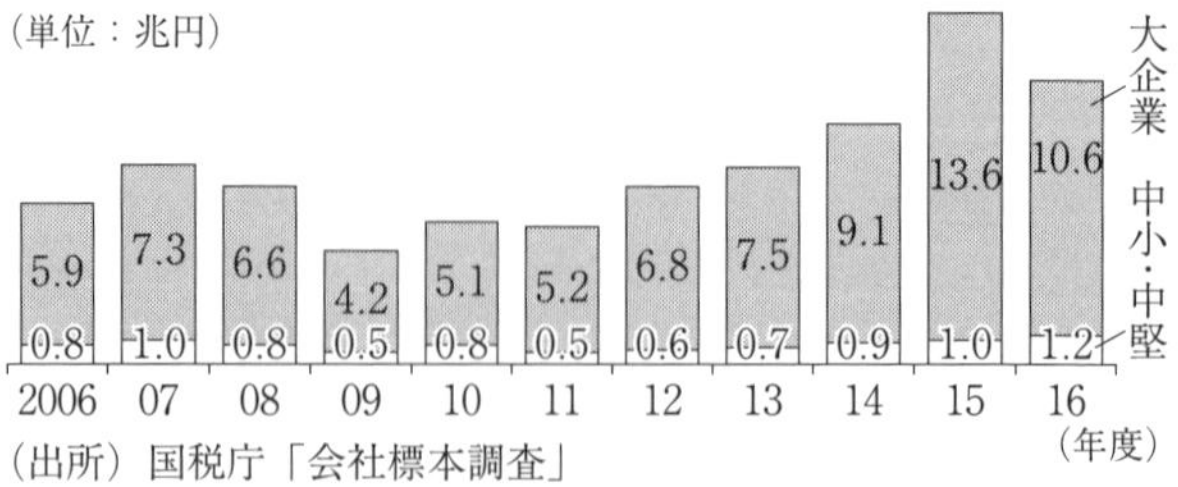

（出所）国税庁「会社標本調査」
（注）大企業は「資本金 10 億円以上＋連結納税法人」。

〈受取配当益金不算入制度〉

国内の他の企業の株式を保有し、この株式の配当金を受け取った場合、その一部または全部を所得に含めないようにして、課税対象からはずす制度が設けられています。「受取配当益金不算入制度」といいます。子会社をたくさん持ったり、グループ企業や取引先企業と株式持ち合いをしたりしている大企業ほど、受け取る配当が多いため、この制度の適用を受けることになります。「アベノミクス」のもとで株式配当が増加しているため、この制度の適用額は**図25**のように急増しています。そのほとんどが大企業です。

〈外国子会社配当益金不算入制度〉

この制度は、麻生内閣時代につくられ、〇九年度から実施されたものです。外国にある子会社から日本の親会社への配当については、基本的に全額所得に含めず、非課税にする制度です。それ以前は、外国政府に納めた法人税を差し引いて、日本では差額を納税する仕組み（外国税額控除制度と言います）が適用されていましたが、益金不算入制度ができたために、その差額すら納税しないで済むようになってしまいました。「アベノミクス」のもとで円安によって、海外からの配当が円表示で増大していることもあって、この制度の適用額も急増しています（**図26**）。もちろん、対象となるのは海外に子会社を持つ企業ですから、ほとんどが大企業です。

図26　外国子会社配当益金不算入額の推移

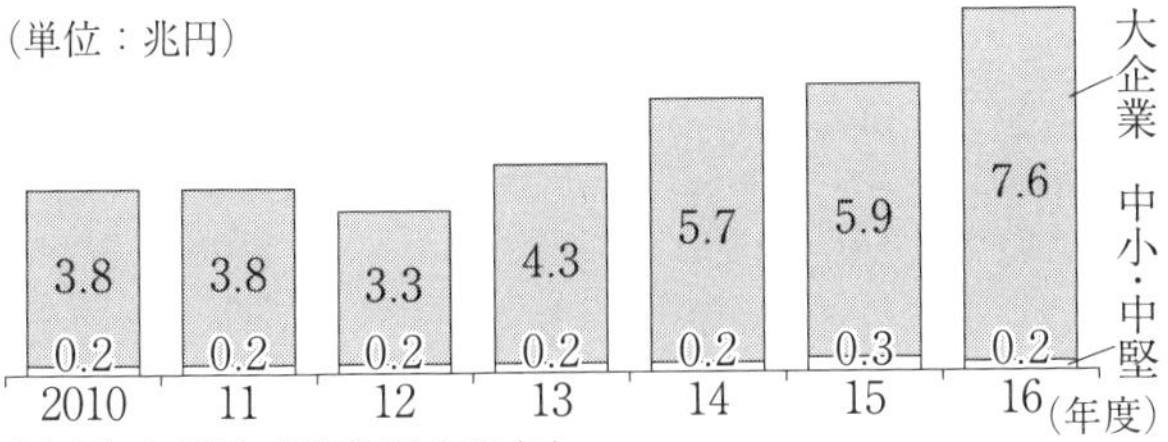

（出所）国税庁「会社標本調査」
（注）大企業は「資本金10億円以上＋連結納税法人」。

〈連結納税制度〉

〇二年度に導入された制度で、親会社と国内子会社（一〇〇％出資のものに限る）の所得を合算して法人税を計算するものです。連結納税を適用するかどうかは、企業自身が選択して、事前に国税庁に申請して適用を受けます。適用企業は年々増えており、トヨタ自動車、三菱ＵＦＪ、ＮＴＴなど、日本のトップ企業の多くが、この制度を利用しています。

連結納税を適用すると、**表24**のように、連結グループ内の黒字企業と赤字企業の損益が相殺され、減税になります。減税額は毎年五〇〇〇億円前後になっていますから、この制度を廃止すれば五〇〇〇億円の財源

表24　連結納税の推移

年度	適用グループ数	連結納税企業の所得(億円)		相殺分①－②	法人税率(％)	減税効果(億円)
		①個別所得	②連結後			
2010	904	41,864	23,986	17,878	30	5,363
2011	1,109	49,973	30,375	19,598	30	5,879
2012	1,275	68,237	52,101	16,136	28.05	4,526
2013	1,425	106,408	85,731	20,677	28.05	5,800
2014	1,528	124,256	107,010	17,246	25.5	4,398
2015	1,607	122,203	103,341	18,862	23.9	4,508
2016	1,681	131,023	109,602	21,421	23.4	5,013
2017	1,760	170,061	141,789	28,272	23.4	6,616

(出所) 国税庁の報告書（ホームページ掲載）より計算
(注) ①は、連結グループ内の黒字企業の所得を合計したもの。②は、黒字と赤字を相殺した後の、連結納税法人としての申告額。減税効果は、相殺分に法人税率を乗じて計算（12・13年度は復興特別法人税を含む)。

が確保できます。

〈タックス・ヘイブン税制〉

この間、国際ジャーナリスト団体が公表した「パナマ文書」や「パラダイス文書」などで、タックス・ヘイブン(注)を利用した多国籍企業や富裕層の「資産・所得隠し」による「税逃れ」が明らかにされてきました。こうした「税逃れ」を許さないための改革が必要です。

(注) タックス・ヘイブンとは「租税回避地」のことです。所得税や法人税の税率が極めて低く、この地域にペーパー企業を設立し、そこに所得を隠せば、合法的な税逃れが可能になります。パナマをはじめ、カリブ海のケイマン諸島、バミューダ諸島などが有名ですが、オランダやスイス、香港、シンガポールなども税率が低く、タックス・ヘイブンになっています。

一つは、日本の海外進出企業や富裕層の「課税逃れ」への対策です。いわゆる「タックス・ヘイブン」

図27　日本の地域別海外投資残高（直接投資＋証券投資）の推移

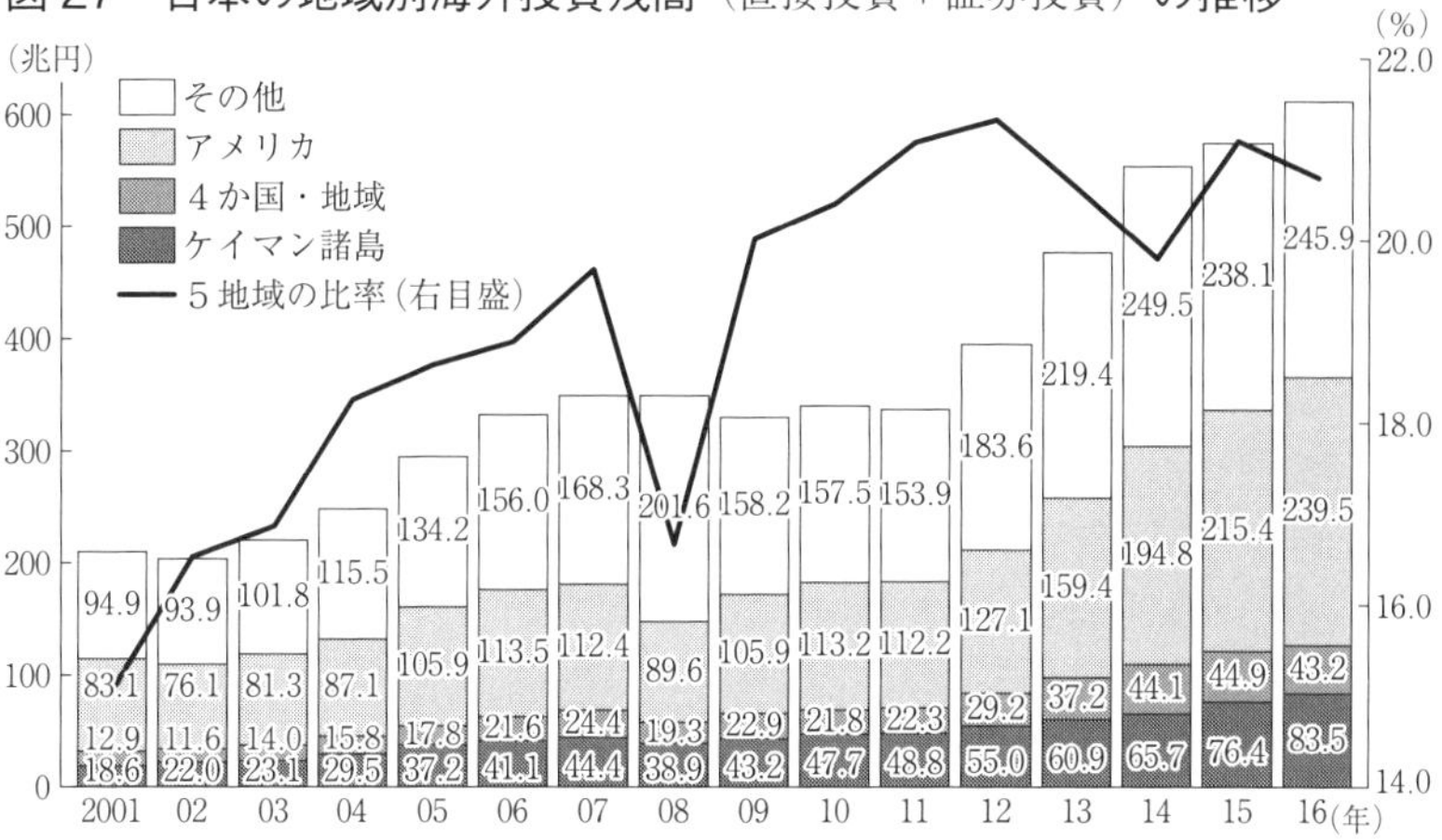

（出所）財務省「財政金融統計月報」（国際収支編）、および日銀統計

への日本からの投資は、直接投資・証券投資を合わせると、典型的なタックス・ヘイブンと言われるケイマン諸島だけでも八三兆円、オランダ、スイス、香港、シンガポールの四カ国・地域を合わせると一二六兆円にもなり、海外投資残高の二割を超えています（**図27**）。利回り数%としても、これらの地域で毎年数兆円規模の利益が生じている可能性がありますが、これに対する課税の実態は明らかではありません。

現行でも「タックス・ヘイブン税制」といって、タックス・ヘイブンにある子会社の所得を親会社の所得に合算して課税する仕組みがありますが、適用範囲が狭くなっています。これを改めるなど、「税逃れ」を許さない対策を強めれば、法人税の増収を見込めます。

もう一つは、日本に進出している外国企業が日本で得た利益に対してきちんと課税されているのかという問題です。たとえば、世界的に「税逃れ」が指摘されているアメリカ企業アップルは、日本におけるスマートフォンの販売などで、年間二兆円近い売り上げをあげ、営業利益も六〇〇〇億円以上になっています。ところが、アップルは、世界中で得た利益の九割前後をタックス・ヘイブンであるアイルランドに移転することで、「税逃れ」をしていると言われており、日本での儲けもその例外ではないと思われます。日本で稼いだ利益にきちんと課税すれば、アップル一社だけでも一〇〇〇億円以上の税収が生まれる可能性があります。

所得が一億円超えると負担率が下がる

みなさんは、**図28**のグラフを見たことがあるでしょうか。「最近、よく見かけるな」と思われる方も多いと思います。このグラフは、国税庁の申告所得税に関するデータを用いて、所得階級別の所得税負担率を計算したものです。所得税は累進税率ですから、本来なら、所得が増えるほど負担率は増えるはずです。ところが、このグラフでわかるように、所得一億円くらいがピークで、それを超えると逆に負担率が下がってしまうのです。

このグラフが作成可能になったのは、〇六年分の所得税の統計データ以降です。それ以前は、所得五〇〇〇万円超が同じ所得区分になっていて、細かく分かれていなかったため、こういうグラフは作れませんでした。これが公表されるようになったのには、わけがあります。

〇四年分の所得税までは、国税庁が所得税の多額納税者のリストを公表していました。いわゆる「長者番付」です。〇四年分では「歌手では宇多田ヒカルがトップで納税額三億六五九五万円」、「その他の芸能人では、みのもんたの二億一〇一万円がトップ」などと話題になっていました。ところ

図 28　申告納税者の所得階級別の所得税負担率（2016 年）

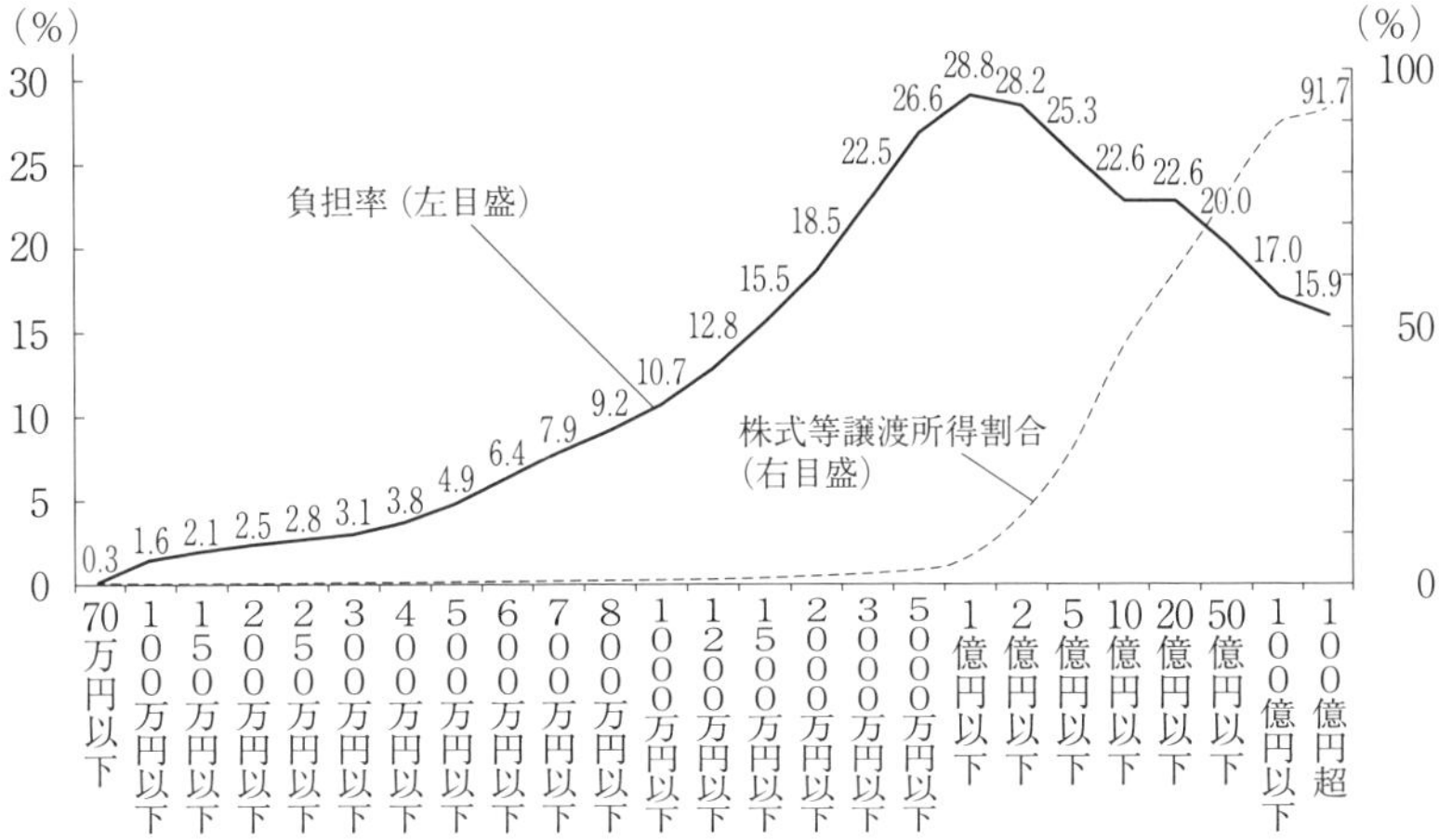

（出所）国税庁「申告所得税の実態（2016 年分）」（18 年２月公表）のデータから作成
（注）所得税負担率＝（源泉徴収額＋申告納税額）／申告所得額×100

が、リストに載った高額納税者宅を狙った強盗殺人事件が発生したこともあり、「個人情報の保護」を理由に〇五年分からは公表されなくなりました。(注) その「代わりの措置」として、高所得者の統計データが公表されるようになったのです。〇五年分は所得データだけでしたが、〇六年分からは税額データも公表され、負担率が計算できるようになったのです。

（注）このときに、法人税についても上位企業の公表が廃止されてしまいました。企業には「個人情報の保護」という理由はないのに、公表をやめたのは不当です。

このグラフを最初に作成したのは、日本共産党の大門実紀史参議院議員です。〇六年分のデータが公表されたのは〇八年二月のことでしたが、大門議員は、さっそく、同年三月一四日の参議院予算委員会でグラフを示し、証券税制の是正を求めました。この時は、尾身幸次財務相は、グラフの意味を理解できなかったようで、「私がここで（負担率が）なぜ下がるのかということを申し上げるのは、ちょっと僭越《せんえつ》かなと思います」と答弁しただけでした。その後、大門議員が三回(注)にわたって、このグラフを示して質問する中で、与謝野馨財務相が、「高所得者ほど負担率が下がる」という事実を認め、「金融所得課税の在り方が影響している」ことを認めざるを得ませんでした。

（注）〇七年三月二二日の参議院財政金融委員会で再び尾身財務相に、同年一〇月三〇日の同委員会で額賀福四郎財務相に、〇九年三月一七日の同委員会で与謝野財務相に質問しています。

その後、民主党政権のもとで一〇年度の政府税制改正大綱の付属資料に、このグラフが掲載されました。(注) 経済同友会の税制に関する意見書（一六年）や、ＯＥＣＤの対日経済審査報告書（一七年）にも、このグラフが掲載されています。冒頭で紹介した藤井聡氏の著書をはじめ、多くの専門家もこのグラフを使っています。

（注）税制改正大綱にこのグラフを入れたのは、峰崎直樹財務副大臣だったようですが、同氏は、大門議員が額賀財務相に質問した際の参議院財政金融委員長でした。

なぜ、所得が一億円を超えると税負担率が下がってしまうのでしょうか。それは、この図の点線のグラフを見ればわかります。これは、所得のうちの「株式譲渡所得」、つまり株を売った儲けの割合を示したものです。所得一億円くらいから、株式譲渡所得の割合が急速に増え、所得一〇〇億円超の最上位層では、何と九一・七％を占めています。所得税は累進税率ですが、それが適用されるのは給与所得や事業所得など、総合課税の対象となる所得だけです。株を売って得た所得については、「申告分離課税」となり、累進税率は適用されず、所得税率は一律一五％となります（別に住民税が五％課税されますので、合わせると二〇％です）。

これは、預貯金の利子にかかる税率と同じです。庶民の零細な預貯金の利子と、富裕層の何億円もの株の儲けが同じ税率というのは、道理に合いません。こうした不公平を是正することが、急務となっています。

なお、第3章で示したように超大株主の資産が膨らむ中で、それを売却した時の所得はとてつもない巨額になります。たとえば、ソフトバンクの孫正義氏は、一三年に保有株式のうち二三一三億円相当を資産管理会社に売却しています(注)。当時は証券優遇税制があり、所得税率は七％（住民税が三％）でしたが、それでも所得税が一六〇億円以上になったはずです。「長者番付」が発表されていた過去の最高納税額は六九億円でしたから、こうした過去のデータと比べても、孫氏の所得の巨額さがわかると思います。

（注）孫正義氏が提出した「大量保有報告書」には、一三年一一月五日に、同氏が「孫エステート」という会社に、ソフトバンクの株式三〇〇〇万株を一株七七一〇円で譲渡したことが記載されています。

日本は大株主天国

税率が低いのは、株を売った場合の儲けだけではありません。株式の配当金については、所得税法

表25　株式配当と株式譲渡所得への税率の国際比較

〈配当〉

	日　本	アメリカ	イギリス	ドイツ	フランス
税率	申告･源泉分離 20% （国15、地方5） 総合課税 10～55% （選択制、大口株主は総合課税）	（国税） 0、15、20% （州税） 4～8.82% （市税） 2.7～3.4% +税額の14%付加税	（国税のみ） 7.5、32.5、38.1%	26.375% （内訳） 所得税：25% 連帯付加税 税額の5.5%	分離課税30% または、 総合課税 17.2～62.2% （いずれも社会保障関連諸税17.2%を含む）
法人税との調整	配当税額控除（総合課税の場合）	調整措置なし	配当所得一部控除方式	調整措置なし	総合課税は配当の60%を課税所得に算入

（出所）財務省ホームページ、2018年１月現在

（注）アメリカの州税・市税の税率はニューヨーク市の場合。日本の配当税額控除は、所得税から配当の５～10%、住民税から1.4～2.8%を税額控除するもの。イギリスの配当所得一部控除方式は、5,000ポンド（約67万円）までを控除する。

〈株式譲渡所得〉

	日　本	アメリカ	イギリス	ドイツ	フランス
税率	申告分離 20% （国15、地方５）	配当と同じ （１年以下の短期保有は割増し）	（国税のみ） 10、20%	配当と同じ	配当と同じ
その他			低所得は非課税	低所得は非課税	総合課税は、保有期間に応じた控除の適用後、他の所得と合算

（出所）財務省ホームページ、2018年１月現在

の原則では総合課税となっており、確定申告して累進税率で課税されることになっているのですが、上場企業の株式で、その企業の発行済株式の三％以上を保有する「大口株主」でなければ、源泉分離課税の二〇％（所得税一五％、住民税五％）だけで済んでしまいます。租税特別措置法に「申告不要の特例」が規定されているからです。

トヨタ自動車の豊田章男社長は、トヨタの

創業家の一員でもあり、同社の株式を四七五万株も保有しています。一七年中のトヨタの配当は一株当たり二一〇円だったので、豊田社長は一〇億円近い配当を手にしたと思われます。しかし、トヨタの発行済株式総数は三三億株もあるため、社長の保有割合は〇・一四%に過ぎません。このため、確定申告の必要はなく、この一〇億円の配当には源泉徴収分の二〇%しか、税金はかかっていないと思われます。

財務省のホームページに、日本と欧米各国の証券税制の比較表が載っています。それを要約したのが**表25**です。これを見ればわかるように、富裕層の株の配当や譲渡所得については、欧米主要国では、一部を除いて三〇%前後の税金が課税されています。二〇%で済んでいる日本は、まさに「大株主天国」です。

〈高額の配当には総合課税を適用〉

日本共産党の財源提案では、株式の配当については、少額の場合を除いては、豊田社長のように「大口株主」でない場合を含めて、総合課税を義務づけることを提案しています。総合課税にすれば、何億円もの配当がある富裕層には、その多くの部分に所得税の最高税率（四五%、住民税を合わせれば五五%）が適用されることになります。現行の二〇%と比べれば、大幅な増収が見込めます。財務省も、租税特別措置法の「配当の申告不要制度」の減税効果は所得税だけでも一兆円前後と計算しており、住民税も合わせれば、さらに大きな税収が見込めます。

〈高額の株式譲渡所得には三〇％を課税〉

株式譲渡の場合は、譲渡益でなく譲渡損が出る場合もありますから、総合課税にすると、かえって税収が減る可能性もあります。将来は総合課税化することも検討しながら、当面は、高額の譲渡所得部分に欧米並みの三〇％の税率を適用するべきです。

譲渡所得については、先に紹介した経済同友会の意見書（一六年）やＯＥＣＤの対日経済審査報告書（一七年）でも、税率を五％程度引き上げることが提案されています。引き上げ幅には若干の違いがありますが、是正の必要性の認識では、財界やＯＥＣＤまでもが日本共産党と一致しているのです。こういうことはあまりありません。ところが、安倍首相は、かたくなに、これを拒否していま す。「株価最優先」の安倍首相としては、株価に少しでも差しさわりのありそうなことはしたくないのでしょう。

富裕税の創設

富裕層優遇の証券税制を改めたとしても、過去の儲けに課税できるわけではありません。第3章で紹介したように、「アベノミクス」による株価の上昇で、資産が一〇〇億円とか一〇〇〇億円といった富裕層が急増しています。毎年の配当には課税できますが、この資産本体に課税できるのは、現行制度では、株を売って譲渡所得が発生したときか、所有者が亡くなって相続が発生したときです。これでは、どれだけ先の話になるかわかりません。格差の是正もできません。そこで、財源提案では、富裕層の資産を対象として、毎年低率で課税する方式の資産税として「富裕税」を提案しています。

日本では、戦後の一九五〇年から三年間だけですが、富裕税が実施されたことがあります。フランスでは、ミッテラン政権のもとで富裕税が創設され、最近まで続いていました。ドイツでも、以前に「財産税」がありました。

財源提案では、相続税評価額で五億円を超える資産を保有している富裕層に対して、五億円を超えた分に低い税率で課税する案を示しています。二〇一二年

表26　保有株式1,000億円以上の大株主（上位20人）

（単位：億円）

	氏名	企業名	保有額	本人名義分
1	孫正義	ソフトバンクグループ	31,144	26,519
2	滝崎武光	キーエンス	18,251	6,187
3	柳井正	ファーストリテイリング	16,390	13,314
4	高原慶一朗	ユニ・チャーム	6,878	0
5	永守重信	日本電産	5,861	4,043
6	柳井一海	ファーストリテイリング	5,520	2,769
7	柳井康治	ファーストリテイリング	4,859	2,769
8	重田康光	光通信	4,721	269
9	伊藤雅俊	セブン＆アイＨＤ	4,337	850
10	前澤友作	スタートトゥデイ	4,067	4,067
11	似鳥昭雄	ニトリＨＤ	3,932	555
12	三木谷浩史	楽天	3,506	1,534
13	三木正浩	ＡＢＣマート	2,657	1,351
14	安田隆夫	ドンキホーテＨＤ	2,403	0
15	野田順弘	オービック	2,127	310
16	鈴木郷史	ポーラ・オルビスＨＤ	2,105	2,105
17	島野容三	シマノ	1,956	155
18	多田直樹	サンドラッグ	1,901	126
19	岡田和生	ユニバーサルエンターテインメント	1,887	0
20	宇野正晃	コスモス薬品	1,777	27
20人の合計			126,279	66,951

（出所）各企業の有価証券報告書などのデータから計算、18年９月末現在

（注）敬称略。高原慶一朗氏は故人（10月３日に死去）。柳井一海氏、康治氏は柳井正氏の長男・次男。スタートトゥデイは、10月１日付で「ZOZO」に社名変更した。

に発表した最初の案では「一〜三％」の累進税率を提案していましたが、一七年の提案では「一〜三％」にこだわってはいません。現在の超低金利の状況では一％では高すぎるかもしれないので、〇・五％にするとか、柔軟な制度設計が可能な提案にしています。自宅用地や農地などの評価には特例を適用するなどして、無理な課税はしないようにします。課税対象となるのは一〇〇〇人に一人くらいにとどまるでしょう。

表26は、一八年九月末時点で、一〇〇〇億円以上の資産を持っていた大株主のうち、上位二〇人の一覧表です。この二〇人だけでも資産額は一二・六兆円になります。かりに一％の富裕税を課税すれば、この二〇人だけでも一二六〇億円の税収になります。(注) 富裕税全体では約一兆円が見込めます。

(注) ただし、そのためには、本人名義の株式だけでなく、資産管理会社名義になっている株式も課税対象となるようにする必要があります。**表26**のように、保有株式のうち本人名義は半分程度で、残りは資産管理会社名義になっているからです。具体的には、資産管理会社そのものを富裕層の「資産」とみなす（資産管理会社への出資持ち分を資産とみなす）方法が考えられます。

被用者保険の標準報酬の上限を引き上げる

社会保障の財源としては、税とともに社会保険料が重要です。社会保険料には、本人負担分とともに、被用者保険（健康保険、介護保険、厚生年金、雇用・労災保険など）の事業主負担分があります。九〇年代までは、社会保障財源の中では、事業主負担の社会保険料が最も大きな比重を持っていました。ところが、図29のように、二〇〇〇年代初めに逆転し、今では公費負担が最も多く、社会保険料、とりわけ事業主負担の割合が少なくなっています。

この原因としては、二〇〇〇年に介護保険、〇八年には後期高齢者医療制度ができ、高齢者が払うこれらの保険料には事業主負担がないことや、基礎年金の公費負担が三分の一から二分の一に引き上げられたことなど、制度改正による要因のほか、九七年ごろをピークに労働者の賃金が低下したことや、社会保険に加入せず、国保や国民年金に加入する非正規労働者が増えたことなどがあげられます。社会保障の財源を安定的に確保していくためには、介護保険や国保などで公費による負担を充実させるとともに、厚生年金や健康保険などの被用者保険の保険料収入を増やす努力も重要です。

図29　社会保障財源の推移

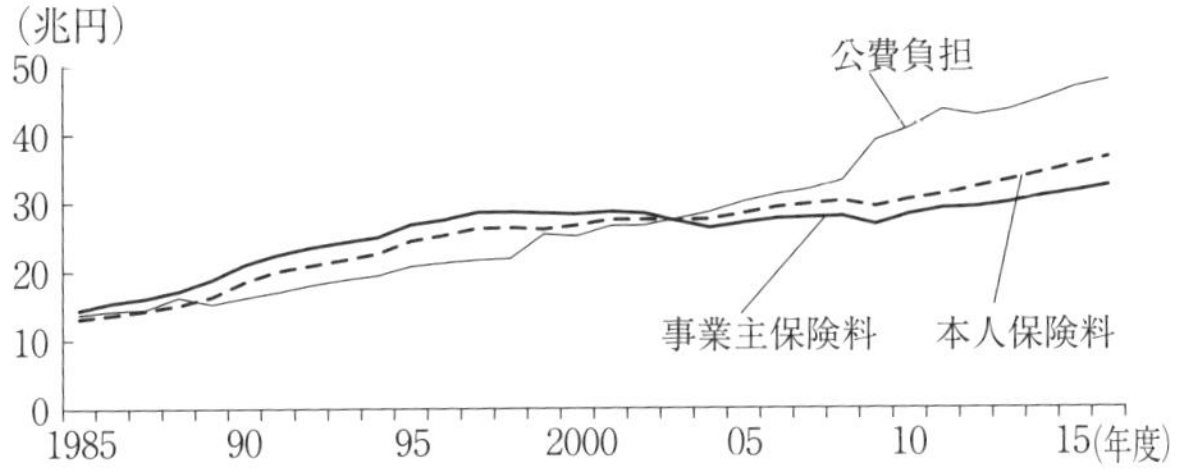

(出所) 国立社会保障・人口問題研究所「社会保障費用統計」(2016年版)

そうはいっても、一般のサラリーマンにとっては、社会保険料の負担は限界です。毎月の給与明細を見るたびに、所得税や住民税以上に、年金や医療、介護などの保険料の重さが身に染みる方は多いでしょう。とくに、〇四年以降一七年まで一〇年以上にわたって、毎年決まって厚生年金などの保険料率が引き上げられてきたことが、負担を大きくしています。これ以上の保険料率の引き上げは困難です。

そこで重視すべきなのは、保険料負担の逆進性の問題です。被用者保険には、実際には被用者ではなく、経営者側である会社役員なども

図30　給与所得者の申告所得階級別の給与額に対する社会保険料負担率

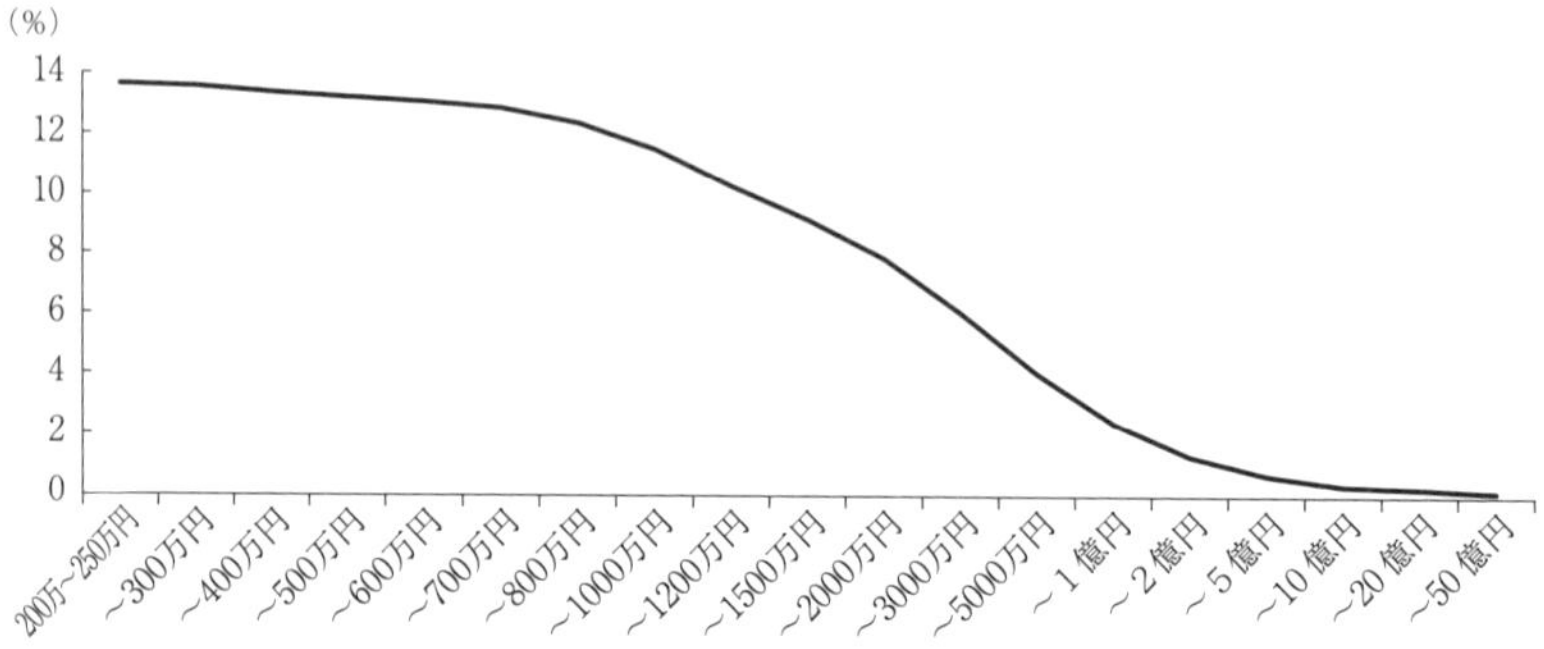

（出所）国税庁「申告所得税の実態」（2015年分）によって推計
（注）給与所得者である納税者の「給与所得」のデータから給与額を逆算し、「社会保険料控除」のデータを給与額で割って負担率を推計した。対象は給与所得者であるが、一部に国民健康保険・国民年金・後期高齢者医療制度などの加入者が含まれている点に留意が必要。

加入しています。その中には、年間数千万円、さらに一億円以上の報酬を受ける役員も多数存在することは、第3章で紹介した通りです。ところが、こうした高額報酬を得ている企業役員などは、一般サラリーマンに比べても低い率の保険料負担しかしていません。

実際、国税庁の「申告所得税」のデータから、「給与所得者」のデータだけを抜き出し、その給与額に対する社会保険料の負担率を計算すると、**図30**のようになります。所得が多いほど負担率が低下し、所得が一〇億円を超えるような超富裕層になると、負担率はほとんどゼロになってしまうことがわかります。こうした保険料負担の逆進性を弱める方向での改革が必要です。

なぜ、こんな事態が生ずるのでしょうか。現在の社会保険料を算定する基礎になる「標準報酬」の仕組みに原因があります。健康保険や厚生年金の保険料は、毎月の給与額そのものではなく、段階的に定められた「標準報酬」にあてはめて計算します。たとえば、月給が九万三〇〇〇円以上一〇万一〇〇〇円未満の人は、「標準報酬九万八〇〇〇円」として計算します。標準報酬は、厚生年金では三一段階、健康保険では五〇段階に分かれていますが、それぞれ上限があります。厚生年金は六二万円、健康保険は一三九万円です。役員報酬が一億円を超える人の中には、毎月の報酬だけでも五〇〇万円以上になる人がたくさんいるはずですが、こうした人の標準報酬は、この上限額で計算されます。つまり、月給が五〇〇万円の人も、年金保険料は月給六二万円の人と同額しか払わない、健康保険料は月給一三九万円の人と同額しか払わないということになります。

社会保険料の逆進性をあらためるためには、この標準報酬の上限を引き上げることが必要です。この方法だと、負担が増えるのは、高額の給与をもらっている社員が多い企業ということになり、主に大企業になります。中小企業にはあまり負担増にはなりません。

①厚生年金・共済年金の標準報酬月額の上限を、現行の六二万円から健康保険と同じ一三九万円に引き上げる

日本共産党の財源提案では、現在は六二万円となっている厚生年金や共済年金の標準報酬の上限額を、健康保険と同じ一三九万円に引き上げることを提案しています。厚生年金の統計では、標準報酬が六二万円の人が二四一万人いるとされています。この中には、六二万円よりさらに高い年収を得ている人もいると思われます。公務員や私学教職員などの共済年金加入者を含めれば、さらに多い人数になります。標準報酬月額の上限を引き上げた場合に保険料が増えるのは、この層ということになります。

表27　厚生年金の標準報酬額の上限を引き上げた場合の保険料増収額の推計

	総数	個人事業	中小企業（資本金～1億円）	うち役員	中堅企業（～10億円）	大企業（10億円以上）	株式会社以外の法人	1年未満勤務者
引き上げ対象人数（万人）	272	2	70	51	29	116	52	4
950万～1,850万円の収入（億円）	88,941	430	27,276	21,670	9,047	30,342	20,357	1,488
厚生年金保険料増加額（億円）	16,276	79	4,991	3,966	1,656	5,553	3,725	272

（出所）国税庁「民間給与の実態」（2016年分）のデータより推計
（注）総数は1年未満勤務者を含む。

国税庁の「民間給与の実態」のデータを使って、この層に該当する年収階層部分の年収総額を計算すると、**表27**のようになります。引き上げの対象は二七二万人、対象となる収入総額は八兆八九四一億円で、これに、労使合計一八・三％の厚生年金保険料率をかけると、保険料増加額は一・六兆円強という計算になります。これには、民間サラリーマン（私学教職員は含む）の分だけで、公務員共済の分は入っていません。公務員を含めた増収見込み額は、この一割増し程度になると思われます。

増収額を企業規模別に見ると、資本金一〇億円以上の大企業が三分の一以上を占めます。資本金一億円以下の中小企業も二八％を占めますが、その大部分は企業役員分で、一般社員の負担増はわずかです。株式会社以外の法人には、勤務医や私学教員などが含まれていると思われます。

現行の被用者年金制度では、標準報酬額は保険料だけでなく、将来の年金額にも影響します。上限を六二万円から一三九万円に引き上げた場合、それに単純に比例して将来受け取る年金額（二階部分）を引き上げると、高齢者層での所得格差がますます広がってしまいます。

表28　健康保険の特定保険料と介護保険料の標準報酬上限を撤廃した場合の増収額

	総数	個人事業	中小企業	うち役員	中堅企業	大企業	株式会社以外の法人
引き上げ対象人数（万人）	20.9	0.0	8.7	8.2	2.5	4.3	5.4
2,200万円超の収入（億円）	28,218	8	11,774	11,407	3,778	5,206	7,452
保険料増加額（億円）	1,518	0	633	614	203	280	401

（出所）国税庁「民間給与の実態」（2016年）のデータより推計

これについては、アメリカの年金制度で実施されているような、保険料が増えた場合の年金額の増え方のカーブを段階的に変更する仕組みの導入を含めた検討をする必要があります。

②健康保険の特定保険料と介護保険料の標準報酬の上限を撤廃する

税金の場合は、特定の見返りなしで、能力に応じて負担する性格のものですから、上限はありません。これに対して、健康保険の場合は、保険料を払った見返りとして医療費の支給が想定されています。あまり保険料が高いと、「それなら民間の生命保険の方が得だ」ということになってしまいますから、本人や家族の医療費に関わる保険料部分については、ある程度の上限を設けるのはやむを得ません。

ただ、健康保険には特定保険料といって、加入者本人や家族の分ではなく、七四歳までの前期高齢者医療への納付金や、七五歳以上の後期高齢者医療への支援金相当分も含まれています。健康保険のうち、労使あわせて三・六一％の保険料率に相当する部分です。これは、本人への見返りを想定したものではなく、税に準じた性格のものですから、上限を設ける必要はありません。介護保険料も同様の性格をもっています。そこで、これらの上限を撤廃すれば、労使分あわせて一五一八億円の増収が見込めます。公務員分を含めれば、この一割増しに、**表28**のようになります。

この表だと、意外なことに中小企業の比重が高くなっていますが、よく調べるとほとんどが役員の分です。つまり、中小企業の場合は、社員の給与は低くても、オーナー社長だけが高給を取っているケースが多いからだと思われます。会社数が多いので、社長の数も多くなるわけです。一般社員の負担増はほとんどないと言っていいでしょう。

③事業主負担分については上限を撤廃する

年金にしろ、健康保険にしろ、見返りがあるのは加入者である労働者であって、事業主には直接の見返りがあるわけではなく、保険料の事業主負担分は税に近い性格です。したがって、本人負担分については一三九万円を上限とする年金保険料や健康保険の基本保険料（特定保険料以外の部分）についても、事業主負担分だけは上限を撤廃します。

これによる増収額を試算すると、**表29**のように、厚生年金保険料が三四二九億円、健康保険料（基本分）が六五二一億円、あわせて四〇八一億円です。公務員分を含めば一割増しになります。中小企業は役員の分がほとんどで、一般社員の分については負担増にならないことがわかります。

このほか、賞与については上限を撤廃します。これは、保険料がかかる賞与の上限があると、毎月の給与を減らして賞与に回すことで「保険料逃れ」を図るようなことが起きるのを防ぐための措置

表29　事業主負担の上限を撤廃した場合の社会保険料（年金＋健保）の増収額

		総数	個人事業	中小企業	うち役員	中堅企業	大企業	株式会社以外の法人
年金	対象収入（億円）	37,475	26	15,459	14,833	4,836	7,289	9,864
	保険料増加（億円）	3,429	2	1,415	1,357	443	667	903
健保	対象収入（億円）	28,218	8	11,774	11,407	3,778	5,206	7,452
	保険料増加（億円）	652	0	272	264	87	120	172

（出所）国税庁「民間給与の実態」（2016年）により推計

で、それ自体としての増収額はわずかです。

なお、財源提案では、被用者年金の保険料についての上限引き上げを提案しているだけで、国民健康保険料（税）についてはふれていません。国保料は料率がサラリーマンの健康保険より高いうえに、家族人数に応じて賦課される「均等割」などもあるため、それほどの高所得者でなくても上限に達してしまい、この引き上げは、中間層に大きな負担増をもたらしてしまうからです。(注)

（注）たとえば、サラリーマン四人世帯の場合だと、東京二三区では年収八一四万円で国保料（医療分）が上限の五八万円に達します。佐賀市では年収六四二万円で上限に達してしまいます。佐賀市の場合、この上限保険料（五八万円）は、同年収のサラリーマン健康保険加入者の二・六倍です。

ただ、財源提案で示したような改革を実施すると、高額所得者の場合、健康保険よりも国保の方が有利になってしまいます。現行でも、たとえば、国会議員の歳費は約二〇〇〇万円ですが、国民健康保険に加入しているため、上限額の年間七七万円(注)しか負担しません。国会議員と同程度の年収がある企業役員は、一〇〇万円近い健康保険料を払っています。年収がさらに多い場合は、この差はさらに拡大します。

（注）国保料の医療分の上限五八万円と、後期高齢者支援分一九万円の合計額。国保には、このほかにサラリーマンの介護保険料に相当する「介護分」があります。

これを放置しておくと、高額所得者が保険料を逃れる目的で、「フリーランス」扱いになって国保に移行するなどということも起きるかもしれません。将来的には、国保についても改革が必要になるでしょう。一八年一一月に日本共産党が提案した国保政策では、「均等割」などの廃止を提案していますが、これが実現すれば中間層の負担は減り、中間層の負担増にならない形での国保料の上限額引き上げに道が開けると思います。

歳出の無駄にメスを入れる

歳出の浪費にメスを入れることも重要です。ただ、歳出の構造が以前とは変化していることも見なくてはなりません。

たとえば、かつては政府の財政支出の中で公共事業が大きな比重を占めていました。九〇年代なかばには、国と地方合わせた公共投資の総額[注]が年間五〇兆円を超えました。アメリカの対日要求にこたえて、「一〇年間で四三〇兆円」とか「一三年間で六三〇兆円」とかいった公共投資基本計画が策定され、それが実行されてきたからです。

図 31　公共投資実績額と社会保障公費負担額の推移

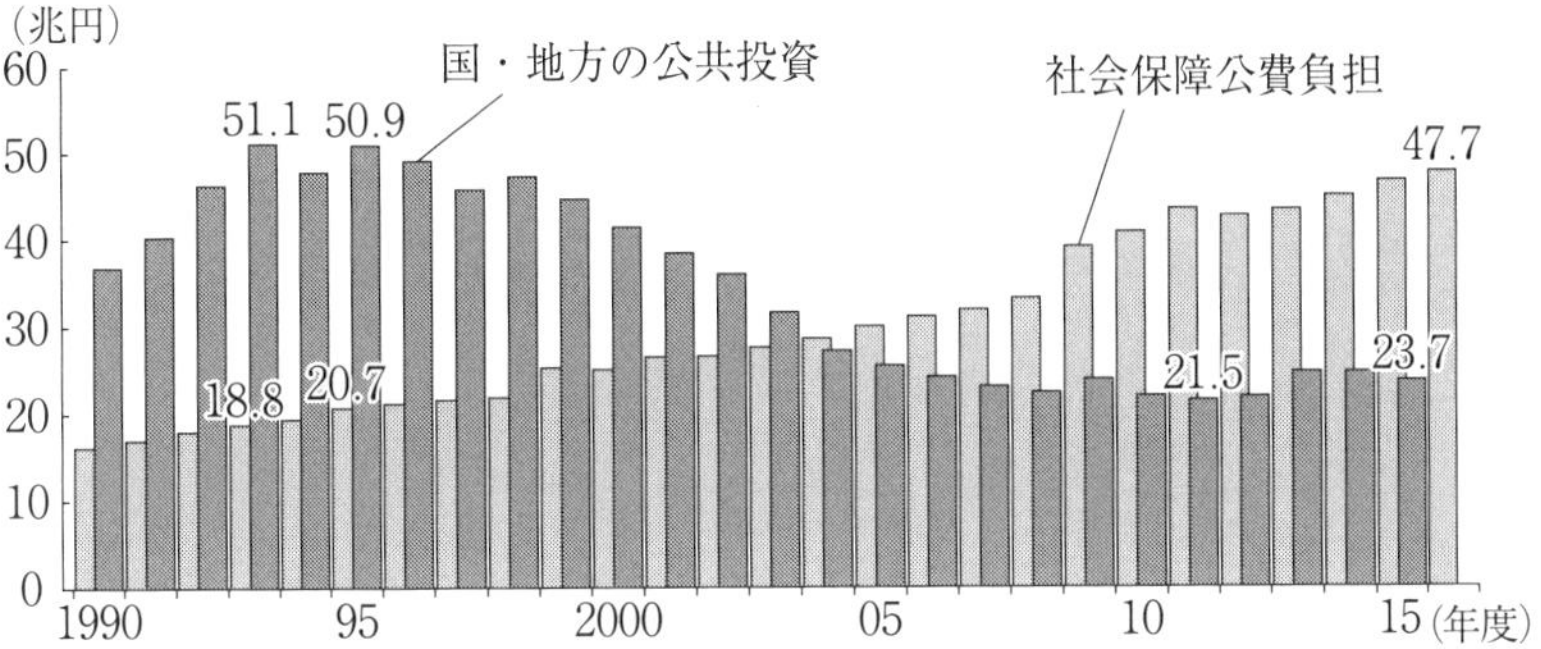

(出所) 公共投資は総務省「行政投資実績」、社会保障公費負担は社会保障・人口問題研究所「社会保障費用統計」

(注) 国や地方の公共事業のほか、財政投融資資金などを使った高速道路などの事業を含みます。総務省が「行政投資実績」という名称で集計しています。

その一方で、社会保障に対する公費負担（税による支出）は二〇兆円と、ヨーロッパなどに比べて低い水準でした。私たちは「公共事業に五〇兆円、社会保障には二〇兆円」という「逆立ち財政」の転換を主張してきました。

この当然の主張は多くの国民の支持を受けました。政府も、無視はできません。その後、公共事業費は削減され、今では、**図31**のように社会保障の公費負担と逆転してきています。

九〇年代ならば、五〇兆円の公共事業予算を一割削っただけでも五兆円、二割削れば一〇兆円の財源が見込めました。いまはそんな額は見込めません。歳出削減を財源の中心にするというのは無理があり、前述のような税制の改革がどうしても必要です。

ただ、歳出をよく検討すれば、削減すべき無駄は、まだ残

図 32　請負金額別の公共工事の推移

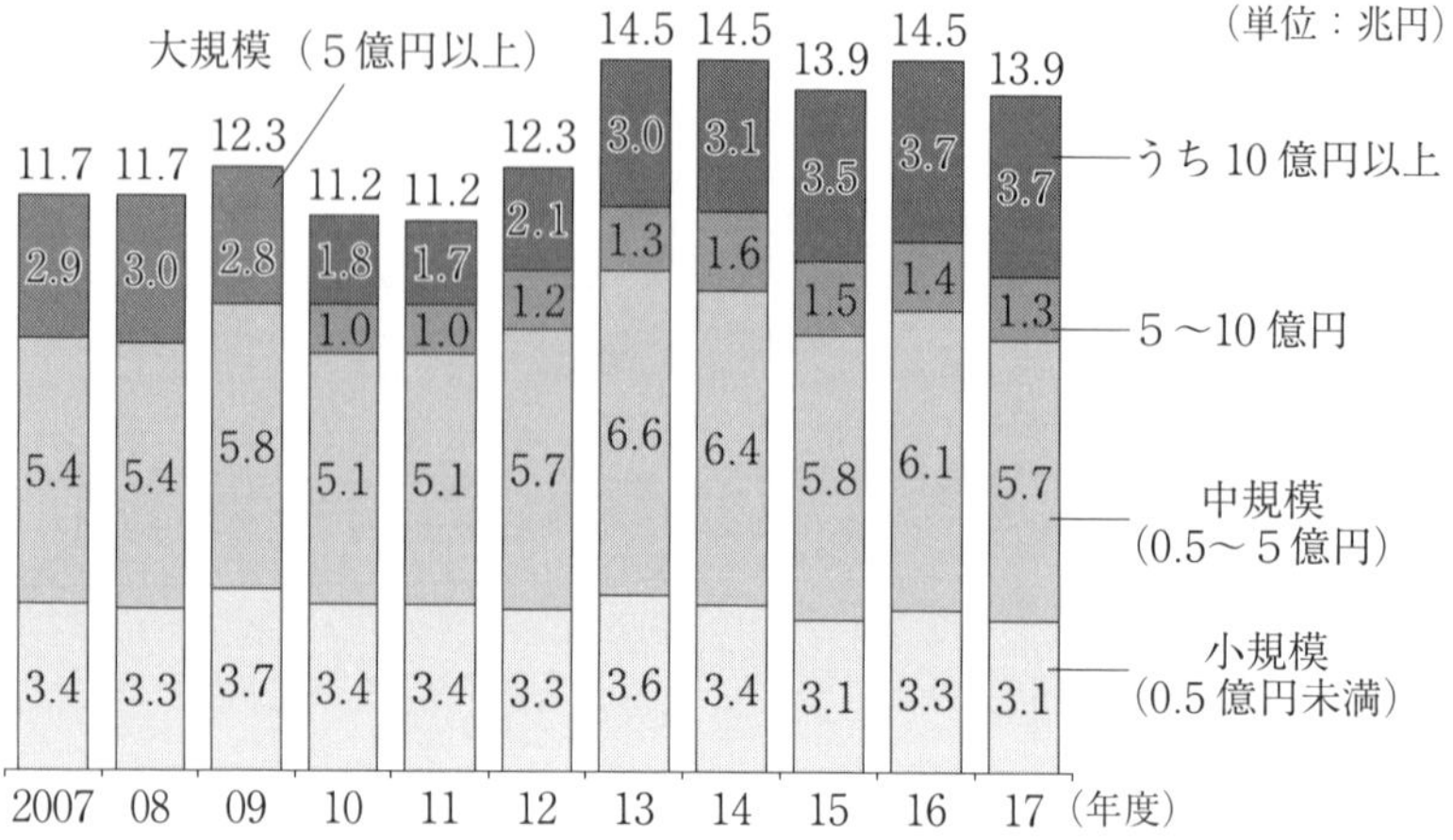

(出所) 東日本建設業保証株式会社・西日本建設業保証株式会社「図でみる公共工事の動き」、前払金保証統計のデータ
(注) 公共工事請負金額の総額と、請負金額別の構成比のデータから規模別の金額を逆算。

されています。

①大型開発中心の公共事業から生活密着型公共事業への転換

安倍政権になって、公共事業費が増加してきています。とくに、**図32**のように、工事金額の大きい事業の比重が増えています。高速道路や大型港湾、空港などの大型開発事業が優先されているからです。さらに、リニア新幹線にも三兆円もの財投資金がつぎ込まれました。

一方で、相次ぐ災害や、各地で問題となっている道路や橋、トンネルなどの老朽化に対する防災・安全対策が重要になっていますが、インフラ施設の点検や修繕などの予算は不足しており、安全対策は進んでいません。また、生活密着型の公共事業も立ち遅れています。

私はURの賃貸住宅に住んでいて、団地自治会の会長もしています。いま、公営住宅の新規建設がストップする中で高齢者などの住まいの不安が大きくなっている一方で、UR賃貸住宅ではエレベーターのない四階、五階などで空き家が激増しています。エレベーターを整備して、高齢者も安心して暮らせる公共住宅を増やすなどの対策を強化すべきです。

大型公共事業の水準を安倍政権以前に戻すだけでも約一・五兆円の財源が生じます。この財源を生かして、インフラの安全対策、防災対策、生活密着型の公共事業などを抜本的に強化すべきです。

②大軍拡に歯止めをかけ、軍事費を削減する

安倍内閣になって軍事費が急増しています。**図33**のように、当初予算ベースでは七年連続の増額で、一九年度予算には過去最高の五兆二五七四億円が計上されています。

さらに、毎年の補正予算で、軍事費が大幅に上積みされています。以前は、補正予算で追加されるのは、人事院勧告にもとづく自衛隊員の給与引き上げ、災害対策、原油価格値上がりによる燃料費の増加など、やむを得ない経費に限定されていましたが、最近では、艦船や航空機、武器の購入などの経費が大量に計上されているのが特徴です。

図33　軍事費の推移

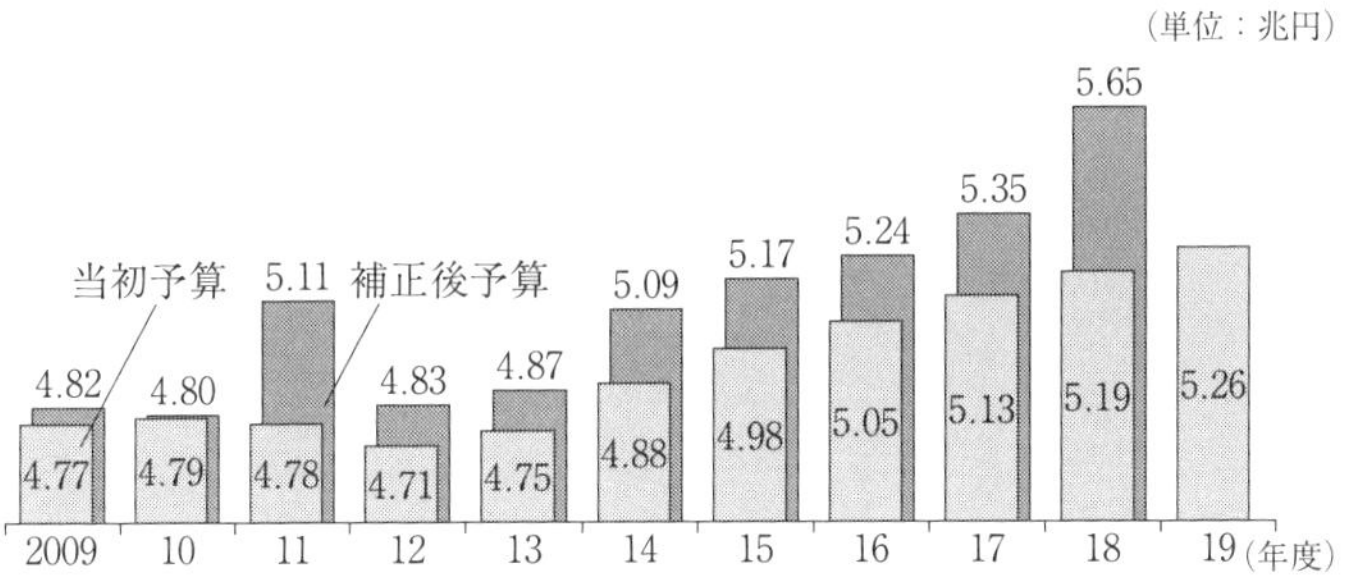

（出所）財務省・防衛省資料、一般会計予算ベース（復興特会計上分は含んでいない）

（注）2011年度に補正予算で大幅増額されているのは、主に、東日本大震災のため。

表30　F35戦闘機の調達実績と計画

予算年度	調達機数	経費（億円）	
2011		7	
2012	4	600	
2013	2	1,340	
2014	4	1,627	前「中期防」28機
2015	6	1,390	
2016	6	1,391	
2017	6	1,189	
2018	6	1,078	
2019（案）	6	1,088	新「中期防」45機
小計	40	9,710	
計画残	2		
追加計画	105		その後68機
総計	147		

（注）調達は契約ベースであり、実際に配備されるのは数年後になる。経費は本体価格と関連経費の合計額。

一八年一二月に政府が決定した新しい「中期防衛力整備計画」では、一九～二三年度の五年間で総額二七兆四七〇〇億円の整備を行うとしています。前期の計画に比べ二・八兆円も増えています。これには、在日米軍関係の経費は含まれておらず、それを加えた軍事費全体はさらに大きくなります。

安倍首相は、トランプ大統領に対して、ステルス戦闘機Ｆ35を今後さらに一〇五機も買うという「爆買い」を約束しました。Ｆ35は、これまでにも四二機の購入を約束し、一八年度予算までで三四機を購入しました（注）。

（注）契約ベースの調達数。契約してから完成するまでに数年かかるので、実際に配備されるのは、これより遅くなります。

新中期防計画では二三年度までに四五機を買うことになっていますが、首相は、二四年度以降にさらに六八機を買うことを約束したことになります。こんなに買って、何に使うというのでしょうか。機材整備等の関連経費を含めたＦ35の経費は一九年度予算までで一兆円近くになっており、一機当た

図34　「思いやり予算」等の米軍関係予算の推移

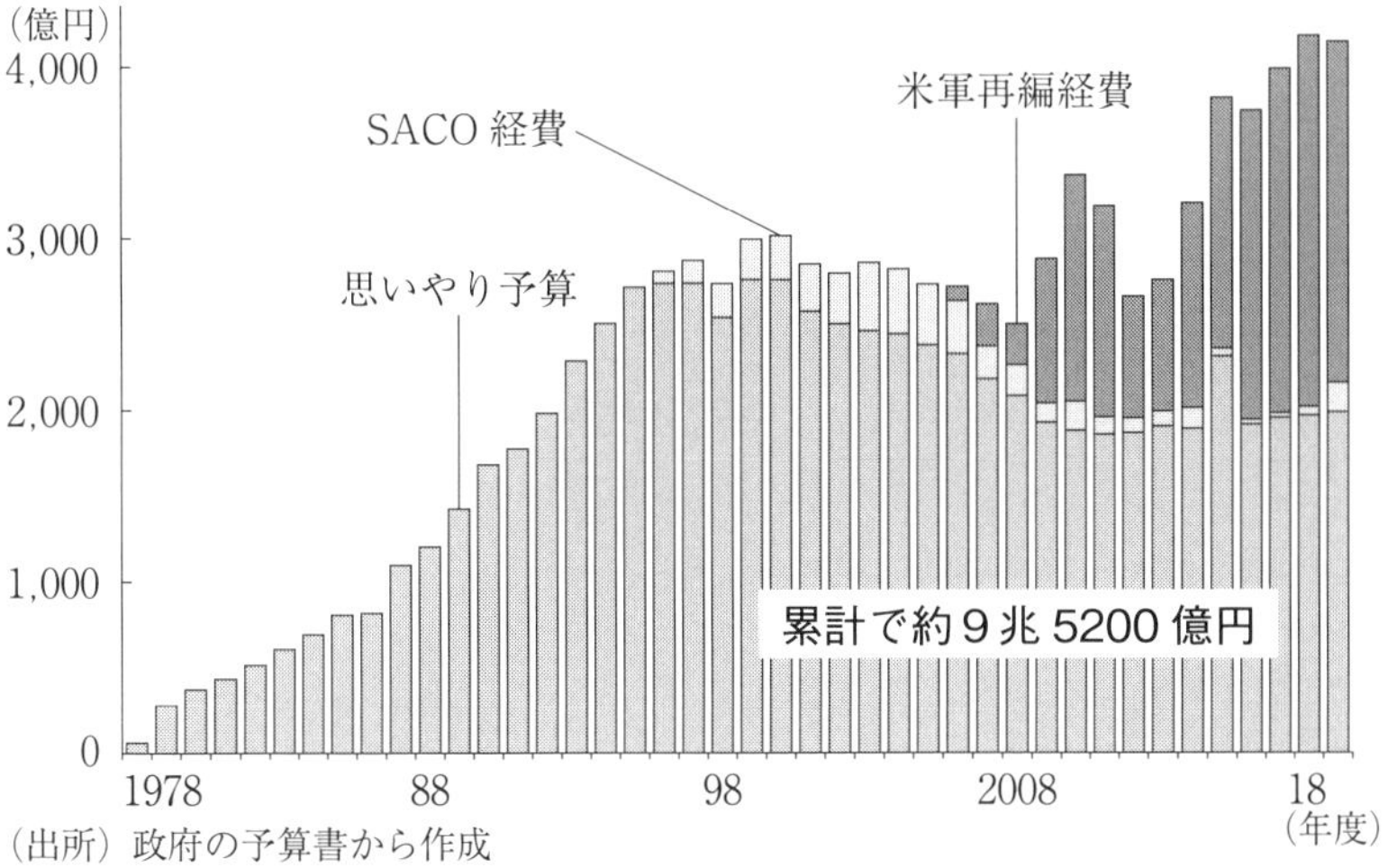

(出所) 政府の予算書から作成
(注) 18年度までは補正後、19年度は当初予算。「SACO経費」は、「沖縄に関する特別行動委員会」(SACO) 関係事業の経費。

り二四二億円にもなっています（表30）。このまま「爆買い」を続ければ、Ｆ35だけでも二兆円を大きく突破してしまいます。(注) こうした大軍拡に歯止めをかけ、軍事費を大幅に削減すべきです。

（注）今後の購入分の中には、従来のＦ35Ａだけでなく、空母からの発着が可能なＦ35Ｂが四二機も含まれており、こちらの方が高価格であることを考慮すると、総額が三兆円に達するとの見方もあります。また、一九年度予算には、護衛艦「いずも」の空母化に向けた調査研究費が初めて計上されました。これは「専守防衛」の枠を越える重大なものですが、Ｆ35Ｂの購入を決めたことが、この「空母化」の動きを後押ししたという指摘もされています。

在日米軍への「思いやり予算」は最高時よりは減っていますが、依然として二〇〇〇億円近い規模です。そのうえ最近では、グアムでの施設整備や沖縄辺野古への新基地建設などを含む米軍再編経費が急増しており、ＳＡＣＯ経費も含めた三経費の合計では四〇〇〇億円近くにもなっています（図34）。これらは、もともと安保条約上も日本が負担する理由はなく、全廃すべきです。このほか、自衛隊の海外活動経費や訓練費などを含めれば、軍事費全体では年間一兆円程度の削減が可能です。

③原発推進予算を削って再生可能エネルギーへの転換を

一一年の福島第一原発事故で、原発依存で進められてきた日本のエネルギー政策は、根本からの転換が必要となりました。にもかかわらず、政府予算では毎年四〇〇〇億円規模の原子力対策予算が計上され続けています。この中には、被災地の除染などの予算も一部含まれていますが、多くは原発推進のための予算です。原発ゼロの日本を展望し、根本的に見直すべきです。安全対策や被害者の救済、廃炉に向けた研究の予算などを除き、原発推進の予算を削れば、現在の原子力関係予算の半分程度を、再生可能エネルギーなどの予算に転換することが可能です。

［補論1］　消費税の仕組みと問題点

消費税の仕組みをきちんと理解していないと、消費税の増税や、政府の「対策」の問題点を正しく理解できません。そこで、消費税の基本的な仕組みと問題点について解説します。

直接税と間接税

税には、「直接税」と「間接税」とがあります。直接税は、税を最終的に負担する人が納税者となる税、間接税は、税を最終的に負担する人と納税者とが異なる税です。所得税や法人税は直接税で、消費税や酒税、たばこ税などは間接税です。

サラリーマンの場合、会社が社員の分まで納税しているように思っている方もおられるかもしれませんが、それは違います。納税者はあくまでもサラリーマン本人であって、会社がそれを代行しているにすぎません。実際、入院などをして医療費がたくさんかかり、医療費控除などを受ける場合には、サラリーマンも確定申告をすることになります。

一方、消費税の場合は、納税者は業者であって、消費者ではありません。消費税を負担しているのは、一億二五〇〇万人の国民すべて（外国に住んでいて、日本で消費しない人は別ですが）ですが、納税者は、第3章の**表13**に示したように、個人と法人あわせて三一五万者だけです。

個別間接税と大型間接税

間接税には、個別の商品に課税する税（個別間接税）と、多くの商品・サービスに課税される税（大型間接税）とがあります。前者は、課税対象をいちいち法律で規定することになります。酒税やたばこ税、揮発油税などがこれにあたります。後者は、「非課税のもの」を法律で規定し、残りの商品・サービスにはすべて課税することになります。消費税のほか、日本で過去に実施された「取引高税」、アメリカの州税である「小売売上税」などが大型間接税に該当します。

蔵出し税、小売売上税、各段階課税

間接税は、どの段階で課税するかによって、商品の製造段階で一度だけ課税する「蔵出し税」（酒税など）、消費者に販売する小売段階で一度だけ課税する税（アメリカの小売売上税など）、製造、卸売、小売の各段階で課税する税（消費税や取引高税）の三つに分かれます。

累積方式と前段階税額控除方式

戦後まもない時期に短期間実施された「取引高税」は、製造、卸売、小売の各段階で課税され、その税が累積して、各段階では低い率でも、合計では高い税になってしまいます。

これに対して、現在の消費税は、各段階での納税額を計算する際に、前段階までの税額を控除するという方式（仕入税額控除）をとっています。このため、税の累積が起きません。消費税のような前段階税額控除方式の税のことを、世界的には「付加価値税(注)」と呼んでいます。売上額から仕入額を引いたものを「付加価値額」といいますが、付加価値税はこれに課税される形になるからです。

（注）英語では「Value Added Tax（略称はＶＡＴ）」といいます。

付加価値税は第二次世界大戦後、フランスで初めて創設されました。戦時中にヨーロッパ各国は、戦費調達のために大型間接税を増税しましたが、それは累積方式だったため、国民から大悪評を受けました。そこで、フランスで前段階税額控除方式の付加価値税がつくられ、各国に広がったのです。付加価値税は、「フランスの三大発明の一つ」といわれています。ちなみに、他の二つは「メートル法」と「革命」だそうです。

消費税納税額の具体的計算方法

年に税込み六〇〇〇万円の仕入れをして、税込み八〇〇〇万円の商品を販売している業者がいるとします。この場合の仕入れには、販売する商品それ自体の仕入費用だけでなく、輸送費、通信費、店舗賃料、水光熱費、包装紙代、宣伝費などの諸経費も含まれます。ただし、銀行からの借入金の利子や固定資産税などは、消費税が課税されていないので、仕入税額控除の対象には含めません。

消費税率が八％の場合、税込み売り上げ八〇〇〇万円の中には、八〇〇〇万円の「一〇八分の八」に相当する消費税、五九二万五九二六円が含まれているとみなされます。これは、客から実際に消費税を集めたか否かに関係なく、そのように計算します。かりに「消費税分還元セール」を実施して、消費税をとっていなかったとしても、売り上げの八〇〇〇万円には消費税が含まれているものとして計算されます。

一方、仕入額六〇〇〇万円の中には、売り上げと同じように、六〇〇〇万円の「一〇八分の八」に相当する消費税、四四四万四四四四円が含まれているとみなされます。売り上げ分の消費税五九二万五九二六円から、仕入れ分の消費税四四四万四四四四円を差し引くと、一四八万一四八二円となります。これが、この業者の消費税納税額ということになります（実際の税金の計算では、端数は処理されると思います）。

なお、輸入品の場合は、仕入税額控除は「ゼロ」ということになります（販売にかかる諸経費は別ですが、ここでは省略して考えます）。つまり、税抜き三〇〇〇万円の輸入品を輸入した業者は、それを港の保税地域から持ち出す際に八％の消費税二四〇万円を納め、その消費税を価格に上乗せしたうえで国内に販売することになります。

図35　消費税の各段階の納税額と最終負担額

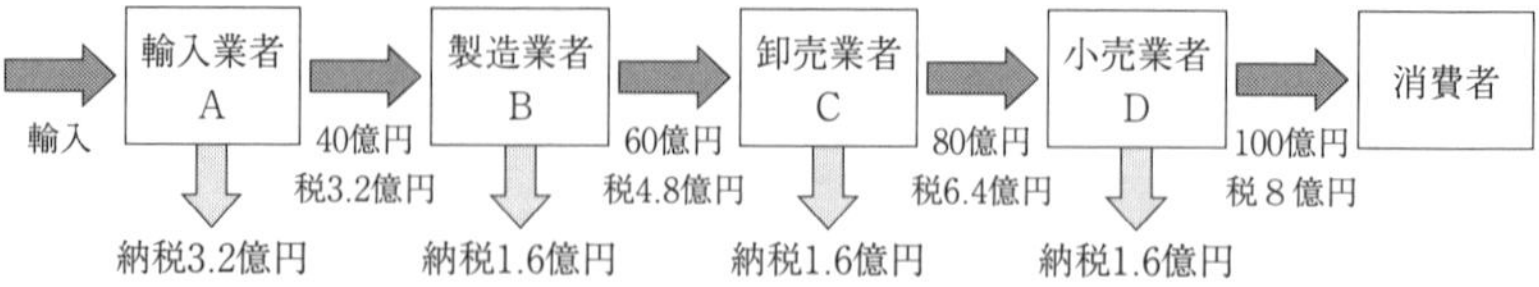

消費税の納税額と最終負担額

以下は、計算が面倒なので「税込み価格」ではなく「税抜き価格」で議論します。**図35**のように、輸入業者Aが原料を輸入し、それを四〇億円で製造業者Bに売るとします。Bは原料を加工して製品をつくり、六〇億円で卸売業者Cに販売、Cはそれを八〇億円で小売業者Dに販売します。最後に、Dは消費者に製品を一〇〇億円で販売したとします。

図のように、各業者の納税額は、税率八％とすると、Aが三・二億円、B〜Dがそれぞれ一・六億円です。合計納税額は八億円となり、これはDから消費者が買ったときに払う消費税八億円と同額です。このように、消費税は、（各業者の税の転嫁が予定通り行われることを前提としてですが）「各業者の納税額の合計＝消費者の税負担額」という式が成り立ちます。

ポイント還元を不正利用すると

第４章で紹介したような、「複数の業者間で同じ商品の売買を繰り返してポイントを稼ぐ不正利用」が話題になった際、ネット上には「売買するたびに五％のポイントを得ても、一〇％の消費税を払うのでは、差し引き五％損するのでは」とか「不正利用したら、かえって国が儲かるのでは」とかいう意見が多数出ていました。こういう意見は、消費税の仕組みをよく知らないために出てくる意見です。

例にあがったような売買の場合、同じ商品を同じ価格（たとえば税抜き一〇〇万円）で売買し続けるわけです。この場合、売買のたびに消費税一〇万円が発生しますが、仕入税額控除も一〇万円発生します。いくら売買を繰り返しても、納税額は増えません。ポイント分は丸儲けになるのです（もっとも、カード会社への手数料の分だけ儲けは減るかもしれませんが）。

非課税と免税

消費税法には、「非課税取引」や「免税」についての規定があります。

「非課税」となる取り引きには三種類あります。

一つは、消費税法の要件に該当しない場合です。消費税法には「国内において事業者が行った資産の譲渡等」が課税対象になると規定されており、「海外での取り引き」や「資産の譲渡等に無関係な寄付金や所得税などの税金(注)」は、この要件に該当しません（国税庁は、これらを「不課税」と呼んで、「非課税」と区別しています）。

（注）同じ税金でも、所得税などと違って、酒税やたばこ税のように商品価格に含まれてしまう税金は、本体価格と合わせて消費税が課税されてしまいます。

二つ目は、形式的には課税要件に該当するが、譲渡されるものの性格上、課税になじまないものです。商品券、土地取引、金融商品などがこれに該当します。ビットコインなどの「仮想通貨」も、最初は課税されていましたが、金融商品に準じて非課税とされました。

三つ目は、社会的配慮から非課税としているもので、住宅家賃、学校の授業料、保険医療費、保育料、埋葬料、出産費用などが該当します。住宅家賃や埋葬料、出産費用などは消費税ができた当初は課税でしたが、翌年の法律改定で非課税に変更されました。なお、入院時の病院食や保育所の給食は非課税ですが、学校給食は課税（「軽減税率」の対象）です。

ただし、これらについては、「非課税」といっても、消費税の影響が全くゼロになるわけではありません。たとえば、住宅家賃は「非課税」ですが、住宅を建てたり、修繕したりする費用には消費税が課税されています。これは家主にとってのコストとして、家賃の原価に反映されています。「消費税」という名目では負担がありませんが、このコストは家賃本体に含まれて、居住者の負担となっているのです。

保険医療費も「非課税」ですが、医療機関が購入する薬品や医療機器には消費税がかかっています。この消費税のコストは、「診療報酬に上乗せしている」と政府は説明していますが、医療機関によってはそれが十分ではなく、医師会などは不満の声をあげています。かりに、全額きちんと診療報酬で手当てされた場合でも、その一～三割は患者の窓口負担にはねかえりますから、消費税増税は、この分野でも影響ゼロではありません。

「免税」にも二種類あります。一つは年間課税売上一〇〇〇万円以下の小規模業者の「納税免除」

です。この場合も、消費税がすべて免除されるわけではなく、業者が仕入れを行う際には消費税を払うことになります。もう一つは、輸出業者に対する免税措置、いわゆる「輸出免税」です。一般に、間接税は輸出品には課税されません。これは、酒税やたばこ税も同じです。ただ、酒税やたばこ税は課税しなければそれで済みますが、消費税はそうはいきません。輸出品を製造する段階で、原料や部品などの製造費には消費税がかかってしまうからです。このため、輸出品については、その仕入れにかかった消費税を税務署が逆に還付することになっています。これが、いわゆる「輸出戻し税」です。

実際には負担していなくても還付される?

大手の輸出業者の中には、部品を納入する下請業者などの納入単価を買いたたいて、消費税分を下請に負担させ、自らは負担していないような場合もあります。しかし、それでも「消費税を払っている」と計算して、「輸出戻し税」が還付されます。これは不当なことです。ただし、この不当さの根源は、下請業者に消費税を負担させる(これを消費税の「逆転嫁」といいます)ことにあるのであって、「輸出戻し税」の仕組み自体にあるわけではありません。「逆転嫁」が起きるのは、輸出業者に限りません。たとえば、大手スーパーが納入業者の価格を買いたたいて、消費税分を「逆転嫁」することも考えられます。この場合も、スーパーは消費税を払ったものとして、納税額を計算するときに差し引くことができます。そうすると、客から集めた消費税の一部が、このスーパーの懐に入ってしまうことになります。この不当性は、輸出業者の場合と変わりありません。ただ、輸出業者の場合は、

「戻し税」という形で目に見えるので、その不当性が国民に理解されやすいのです。

事業者にとっては「直接税」

消費税は「間接税」ですが、酒税やたばこ税とは大きく違っています。酒税の場合は、納税者は酒を製造している蔵元の事業者だけで、卸売業者や小売業者は、酒税がかかった商品を売買するだけです。売買の際に価格に含まれる酒税を上乗せして払うだけで、それとは別に酒税を税務署に納税することはありません。仕入れの際に払うだけで完結します。これに対して、消費税は違います。一部は仕入れの際に払いますが、残りは毎年、まとめて税務署に納税しなければなりません。消費税は消費者にとっては「間接税」ですが、小売業者などにとっては「直接税」のような意味を持ってくるのです。

税務署は、「客から預かった消費税を納税するだけだ」といいますが、これはウソです。消費税法には、「客から消費税を預かれ」とは一言も書いてありません。消費税を預かっていても、実際には「消費税還元セール」を行ってしまって、預かっていなくても、そんなことは関係なしに、売り上げの一定割合を消費税として納税することを迫ってくるのです。そういう意味でも、消費税は業者にとっては「直接税」の性格を帯びています。

さらに、消費税は他の「直接税」、所得税や法人税に比べても厳しい課税です。法人税は赤字企業には課税されません。所得税も赤字なら課税されませんし、多少の黒字（所得）があっても、世帯人員や障害の有無などの個人の事情を考慮して負担が軽減される仕組みがあります。消費税には、そういう配慮がいっさいありません。赤字だろうが何だろうが、一定以上の売り上げがあれば課税されます。個人の事情など配慮してもらえません。だから、第3章で見たように、消費税は最も滞納の多い税となっているのです。

消費税の雇用への影響

消費税は賃金には課税されません。なぜでしょうか。消費税法の第四条には、「国内において事業者が行った資産の譲渡等……には、この法律により、消費税を課する」とされ、第二条には「資産の譲渡等」の定義として、「事業として対価を得て行われる資産の譲渡及び貸付け並びに役務の提供」と規定してあります。労働者は「賃金という対価を得て」、「労働という役務を雇い主に提供」していますが、これは「雇用者」として行っているのであって、「事業として」行っているわけではありません。したがって、賃金は「資産の譲渡等」には該当せず、消費税の対象外となるのです。

消費税の対象外ということは、仕入税額控除の対象外ということでもあります。業者が消費税の納税額を計算する際、自らが雇用した労働者の賃金は、「仕入れ」に含めることができないのです。

ところが、業務の一部を外注化したり、派遣労働者に移したりすると、外注費や派遣料は、請負業者や派遣業者が「事業として行った役務の提供」ということになりますから、消費税の課税対象となり、仕入税額控除の対象にもなるのです。このため、従来の賃金と同じ額で外注化することができれば、その一部が仕入税額控除の対象となるため、消費税の納税額を減らせることになります。

企業はただでさえ、社会保険料の事業主負担などのコスト削減のため、外注化や派遣労働者への置き換えを進めていますが、消費税の税率が上がれば、これに拍車をかけることになります。

インボイスが免税業者にもたらす影響

第3章でも指摘しましたが、インボイスがもたらす影響を、詳しく見ておきましょう。

図36は、税率が一〇%になったもとで、インボイス導入前に、課税業者Aが課税業者B、免税業者Cの両方から仕入れを行っていることを想定した図です。

BとCはどちらも、税抜き五〇〇万円（プラス消費税五〇万円）で原料を仕入れ、これを加工して税抜き七〇〇万円の部品として、課税業者Aに納入しているとします。Bは他の業者とも取り引きしていて売り上げが多いので課税業者で、Cは他に売り上げがないため、免税業者であると仮定します。

課税業者Bは、Aに納入する際に消費税七〇万円を上乗せして、合計七七〇万円をAから受け取り、売り上げの税額と仕入れの税額との差額二〇万円を税務署に納税しています。一方、免税業者Cは、七〇万円を上乗せすべきところなのですが、Aから「お前のところは免税業者なのだから、まけろ」と言われ、仕方なく、仕入れの時に払った消費税五〇万円だけを上乗せして、合計七五〇万円で納入していると想定しています。Cは免税業者ですから、税務署への納税はありません。

Aは、BとCから買った税抜きで合計一四〇〇万円の部品を組み立て、製品にして二〇〇〇万円

図36　課税業者と免税業者の双方から仕入れている場合の想定図

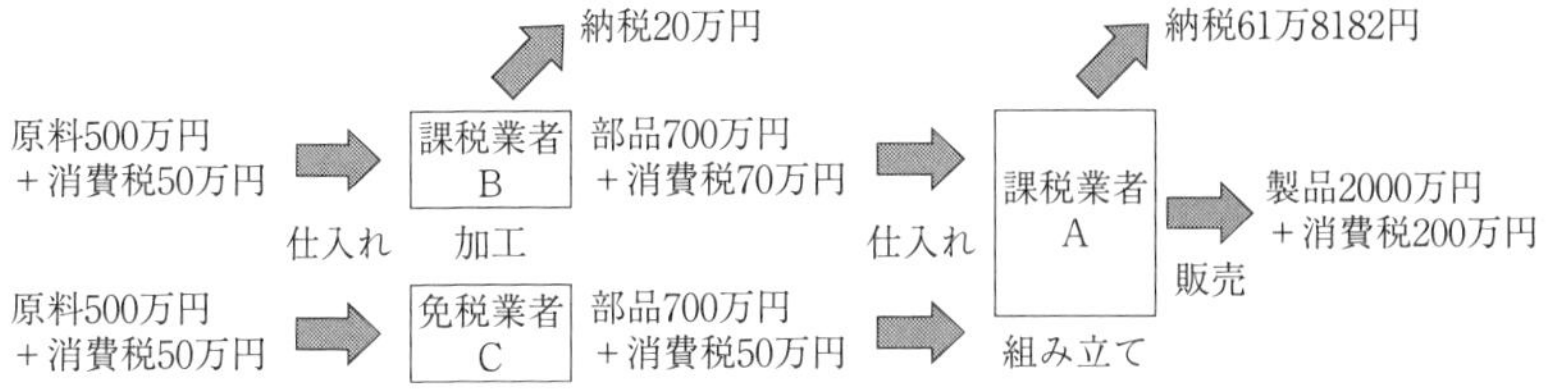

（プラス消費税二〇〇万円）で販売したとします。この場合、Aが税務署に納税する消費税額はいくらになるでしょうか。売り上げにかかった消費税は二〇〇万円、仕入れの際の消費税はBに七〇万円、Cに五〇万円で合計一二〇万円、したがって差額の八〇万円を納税する。これでいいでしょうか。いいえ、それは、間違いです。

Bに払った消費税はたしかに七〇万円です。しかし、Cには「税込み七五〇万円」を払ったのですから、それに含まれる消費税は五〇万円ではなく、「七五〇万円×一一〇分の一〇」すなわち「七五〇÷一一」で六八万一八一八円という計算になります。したがって、Aの納税額は、「二〇〇万円マイナス七〇万円マイナス六八万一八一八円」ということになり、六一万八一八二円になります。先ほどの計算より一八万円以上も少ないのです。

もし、Cも課税業者ならば、AはBとCそれぞれに七〇万円ずつ消費税を払ったはずで、納税額は六〇万円だったはずです。この場合に比べれば、Aの納税額は一万八一八二円多くなっていますが、一方で、Cへの支払いを税込みで二〇万円も買いたたいていますから、差し引きで一八万円以上も得をしています。これは、理論的には、Cが免税業者であることによって発生した「益税」が、Aの儲けを生んでいるということになります。よく、「免税業者は益税を受けている」などと言われますが、「益税」は必ずしも免税業者自身の利益になるのではなく、むしろ、免税業者と取り引きしている大きな業者の利益になる場合が多いのです。

さて、四年たってインボイス制度が導入されると、どうなるでしょうか。Bは課税業者でインボイスを発行できますから問題ありませんが、Cは免税業者なのでインボイスが発行できません。すると、Aにとっては、Cからの仕入れ分の仕入税額控除六八万一八一八円を控除できなくなり、その分だけ納税額が増えてしまいます。これでは、一八万円の「益税」など吹っ飛んでしまい、逆に五〇万円もの「損税」が発生してしまいます。

これではたまりませんから、Aはどうするでしょうか。①Cとの取り引きを打ち切って、Bとの取り引きを二倍に増やす、②Cに対して、「課税業者を選択しろ」と迫る、③「損税」が出ないように納入単価を切り下げることをCに迫る――このいずれかになります。CはAの他に取引先がなく、①は廃業につながります。③もとても無理です。そうなれば、泣く泣く課税業者になる、②を選択せざるを得なくなると思われます。

その場合、AがCに対して、Bと同じように、納入価格を「税込み七七〇万円」に引き上げてくれるならば問題はありませんが、それではAにとってうまみがありません。Aは、「今まで通り七五〇万円で納入しろ」といってきます。Bのように他の取引先を持たないCは、Aの言い分を飲むしかなく、七五〇万円での納入を続けます。その場合、税込み七五〇万円に含まれる消費税は先ほど計算したように六八万一八一八円で、Cが仕入れの際に払った消費税は五〇万円ですから、課税業者となったCは、差額の一八万一八一八円を負担しなければならなくなってしまいます。売り上げも仕入れも変わらないのに、課税業者になったために、一八万円もの新たな負担が増えることになるのです。当然、その分は「身銭を切って」納めることになります。

以上の結果は、これまでAが手にしていた「益税」の一八万円が、インボイス導入後は、「益税」ではなく「CからAへの移転」という形に姿を変えて、Aの利益を存続させることになります。もちろん、これは最悪の結果であって、実際にはAとCとの力関係によって、さまざまなケースがあると思いますが、いずれにせよ、課税業者になる選択を迫られた業者Cにとって、何らかの負担増が生じるのは、避けられないでしょう。

消費税の価格表示について

商品などの価格表示における消費税の表示方法には、「外税」と「内税」があります。「税抜き本体価格三〇〇円」とか「本体三〇〇円＋税二四円」と書くのが「外税」で、「税込み三二四円」とか「三二四円（うち消費税二四円）」と書くのが「内税」です。消費税が創設された当時は、どちらの表示方法でもいいことになっていました。

その後、「本体価格だけだと総額がわかりにくい」、「税額が書いてあると痛税感を与える」などの理由で、「内税」方式を義務付ける法律の改定が行われました。ところが、一四年の八％への増税の際には、増税のために値上げになったことがわかりやすく、消費税の価格転嫁がスムーズにいくからという理由で、時限的に「外税」方式を認める措置がとられました。これは今も続いています。

実は、一四年四月の増税時には、増税と同時に価格表示を変更することで、事実上の「便乗値上げ」も行われました。例えば、当時、私が集めたユニクロの広告チラシでは、増税前の三月のもので、「超目玉」とされたTシャツが、「¥690（本体価格¥658+消費税）」と「内税」で書かれていました。ところが、増税後の四月のチラシでは、同じTシャツが「¥690+消費税」と「外税」表記に変わっていました。もちろん、変わったのは表記だけではありません。税込み価格が三月は六九〇円だったのが、四月には七四五円（六九〇円+消費税五五円）へと、五五円の値上げになっていました。

でも、これって、おかしいと思いませんか。増税分だけではなく、本体価格も六五八円から六九〇円に上がっているのです。価格設定は業者の自由ですから、値上げしても違法とは言えませんが、消費税が上がっただけのように見せながら本体価格を三二円も上げるのが、「便乗値上げ」であることは明らかです。

ユニクロのような業者だけの問題ではありません。価格表示をあれこれ変えて、国民に増税を押し付けやすくしようとしているのは政府です。これには、ごまかされないようにしなければなりません。

［補論2］　「アベノミクス」がゆがめた財政と金融

「アベノミクス」は、消費税増税とあいまって深刻な消費不況をもたらすとともに、格差と貧困を広げてきました。しかし、それだけではありません。「アベノミクス」は、日本経済を支える基盤となっている諸制度に重大なゆがみをもたらし、経済発展の基礎をむしばみ、将来のリスクを異常なまでに高めているのです。ここでは、財政、金融、株式市場、年金積立金運用の四つの点について見ていきましょう。

（1）日銀丸抱えとなった財政

まず、財政の状況です。安倍首相は「アベノミクスで税収が増えた」と宣伝していますが、増えた分の多くは消費税増税によるものです。国民に負担を押し付けておいて「税収が増えた」というのは自慢になりませんが、税収が多少増えても、あいかわらず毎年三〇兆円を超える国債を発行していきます。ところが、日銀は最高時で年間八〇兆円ものペースで国債を買い増ししてきました。政府が新たに発行する以上に日銀が買ってしまうのです。この結果、日銀の国債保有額は時価ベースで四六九兆円（二〇一八年九月末）に達し、財投債を含む国債と国庫短期証券全体の四三％に達しています（**図37**）。こんな異常な国は、世界には見当たりません。（注）

（注）欧米諸国の中央銀行も、リーマン・ショック後に金融緩和の手段として国債を購入しましたが、最近のデータでは、中央銀行の国債保有比率はアメリカ一五％、イギリス二二％、ドイツ一五％、フラ

ンスはゼロです（財務省「債務管理レポート２０１８」、二〇一七年末データ）。

図 37　国債の総額と日銀保有額の推移

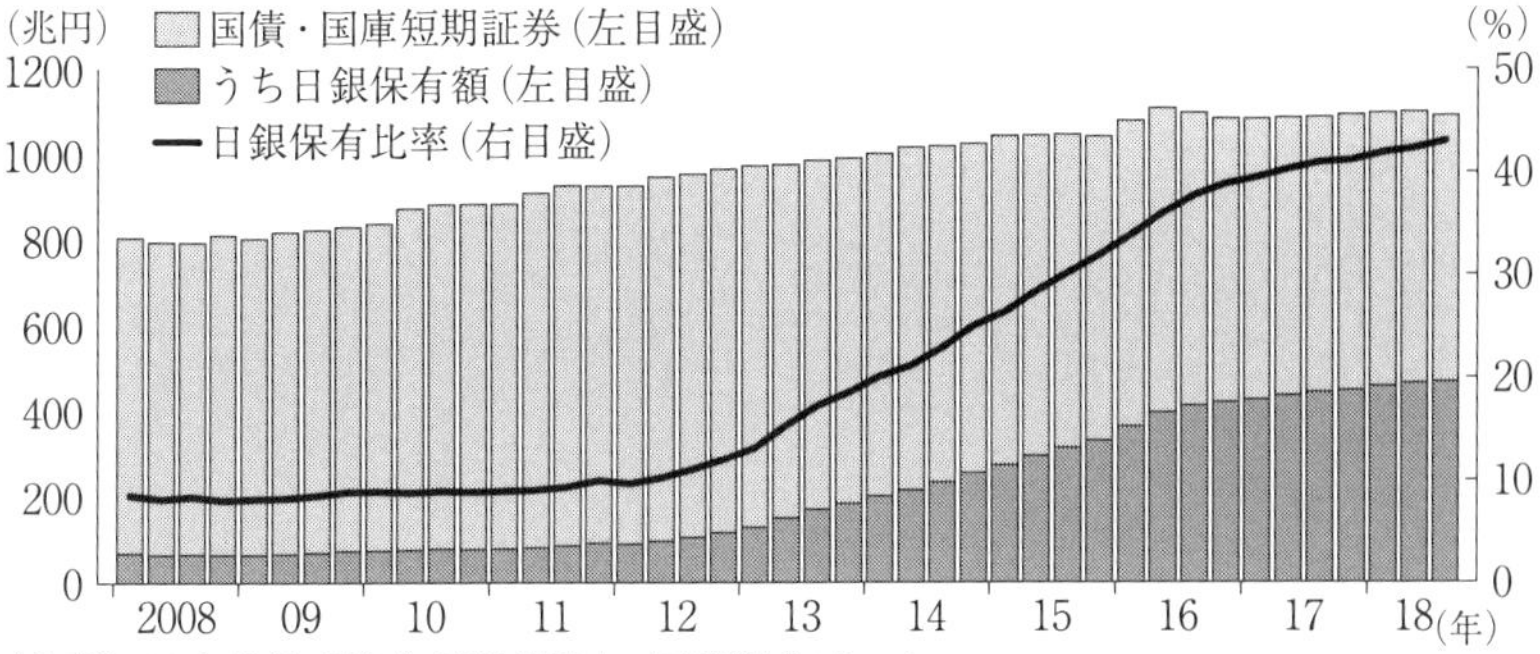

（出所）日本銀行「資金循環統計」、四半期末データ
（注）国債・財投債と国庫短期証券との合計額。

図 38　年限別の国債利回りの推移

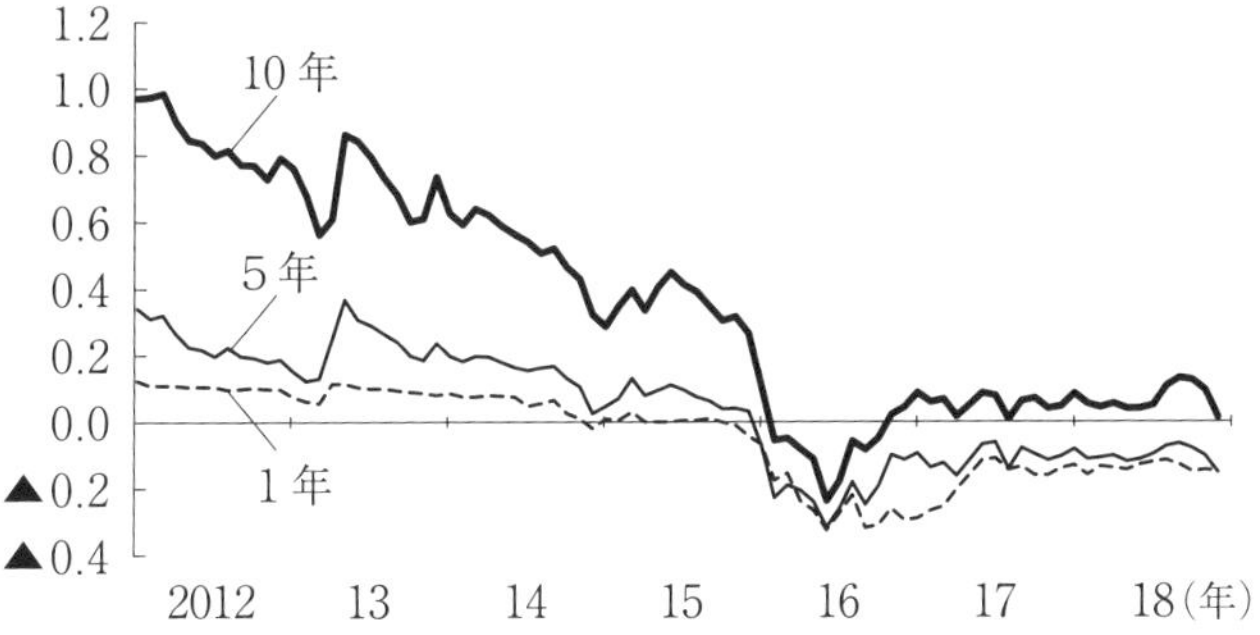

（出所）財務省「国債金利情報」
（注）各月末の国債の年限別の利回り。

日銀が民間銀行から大量の国債を買ってしまうと、市場に出回る国債が減り、需給関係から国債価格が上昇します。その結果、国債の利回りは低下し、これが市場金利全体を押し下げます。**図38**のように、日銀が「マイナス金利政策(注)」を導入した一六年には国債利回りはマイナス水準にまで落ち込み、日銀が若干の政策の手直しをした後も、超低金利が続

いています。

（注）一六年一月に日銀が導入した金融政策。民間銀行などが保有している日銀当座預金の一部を「マイナス金利」（民間銀行から逆に金利をとる）にすることで、一層の市場金利引き下げを狙ったもの。

図39　国債残高と利払い費の推移

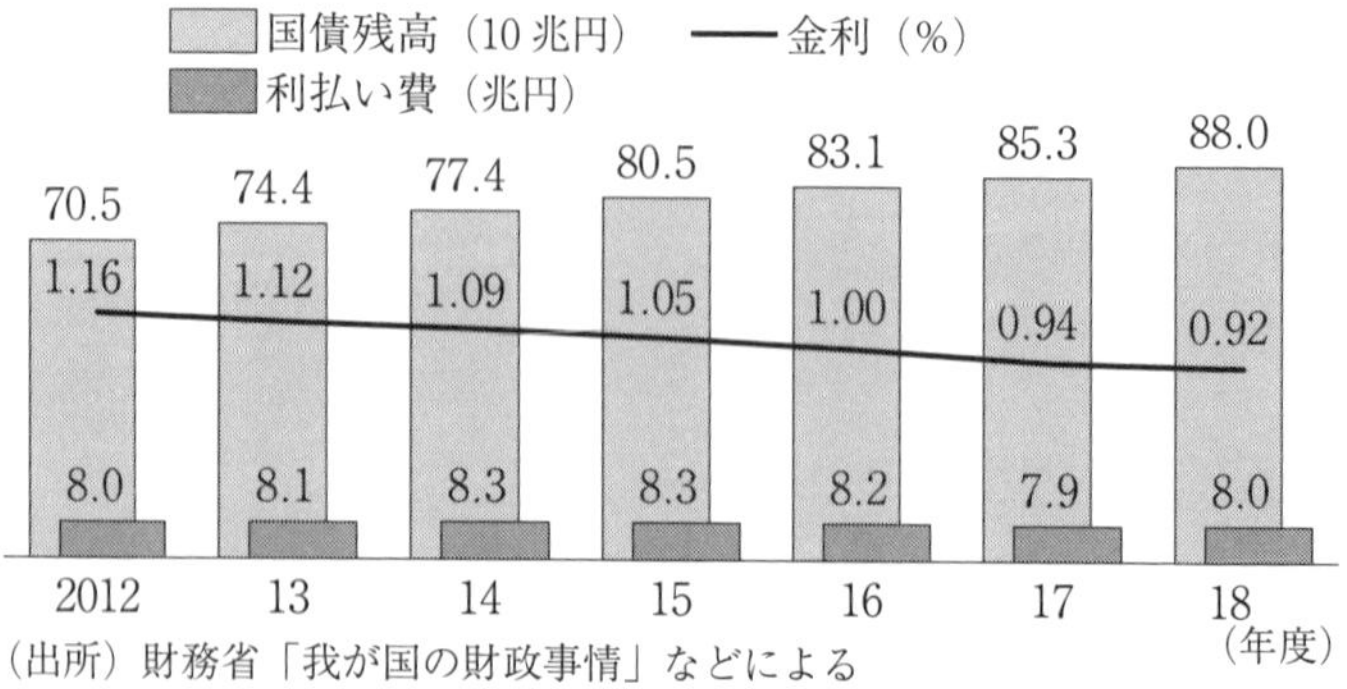

（出所）財務省「我が国の財政事情」などによる
（注）国債残高は年度末の金額。17年度までは決算、18年度は補正後予算ベース。金利は「利払い費÷（前年度末残高＋当年度末残高）×200」として推計した。

国債の市場利回りが低下すれば、政府はそれと同水準の利子率で国債を発行することが可能になりますから、国債残高が増えても利払い費が増えないという事態が起こります。**図39**のように、国債残高は六年間で約一七五兆円も増えているのに、利払い費は八兆円前後で横ばいです。これは、国債の平均金利が年々低下してきたからです。もし、一八年度の金利水準が一二年度と同レベルならば、利払い費が年二兆円以上も増えていた計算になります。

安倍首相が消費税一〇％増税を二回にわたって合計四年間も延期しても予算編成に支障をきたさないでいる一つの要因が、この利払い費の低下にあります。しかし、これは日銀が「禁じ手」とされてきた国債大量購入を続けている結果であり、いわば、病状が表れるのを麻薬で抑えているようなものです。「薬が切れたら」金利が上昇して、増大する利払い費で財政が圧迫されるおそれがあります。

日銀が国債を持てば、「国の借金」は消滅するか

図40　日銀の国債保有額と当座預金残高の推移

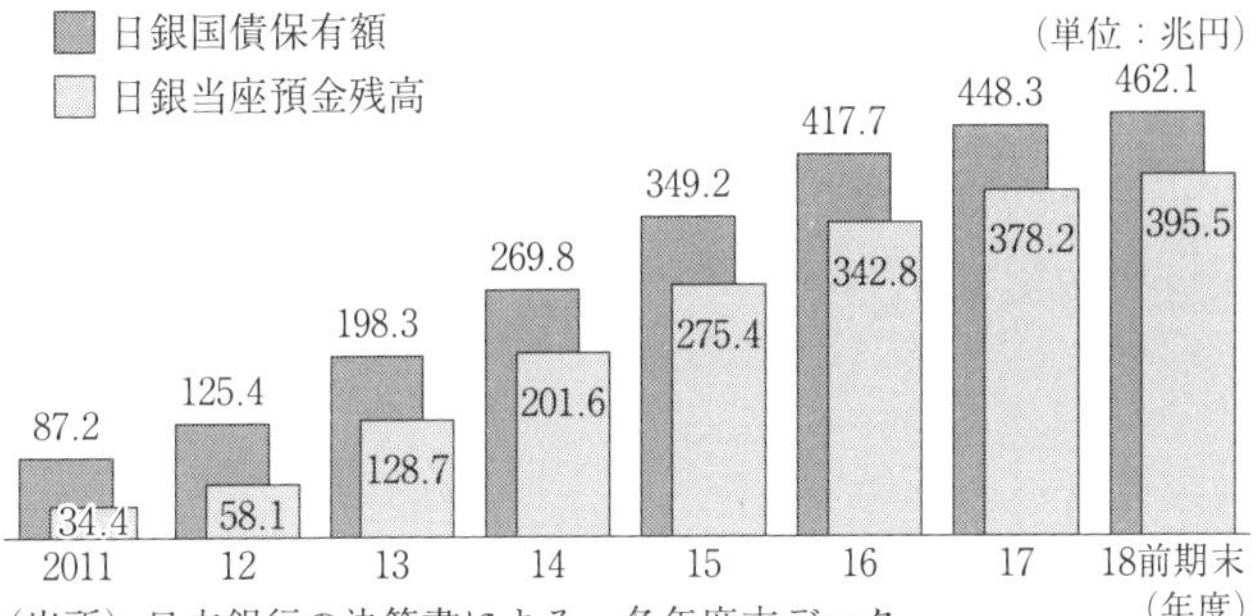

（出所）日本銀行の決算書による、各年度末データ

一部には、「日銀が国債を全部保有してしまえば、国の借金は事実上消滅する」というような議論もありますが、これは正しくありません。日銀は、別に、お札を大量に印刷して国債を買っているわけではありません。**図40**を見れば明らかなように、日銀の国債保有残高が増えるのと同じペースで、民間銀行などが保有している日銀当座預金の残高が増えています。これは、民間銀行から見れば「預金」ですが、逆に日銀から見れば「民間銀行からの借金」ということになります。「借金」が消滅するわけではなく、単に、日銀が政府の「肩代わり」をするだけです。

もちろん、日銀がこの「借金」に対して一円も利子を払わないのであれば、実質的には借金がないのと同じようなものかもしれません。しかし、日銀は、この当座預金に対して、一部を除いて年〇・一%の利子を払っています。今後、金融引き締めが必要な情勢になれば、この金利を上げる必要が生じる可能性も出てくるでしょう。

現状では、日銀が保有する国債の利回りが〇・一%より高く、日

図41　日銀の保有国債の利回りの推移

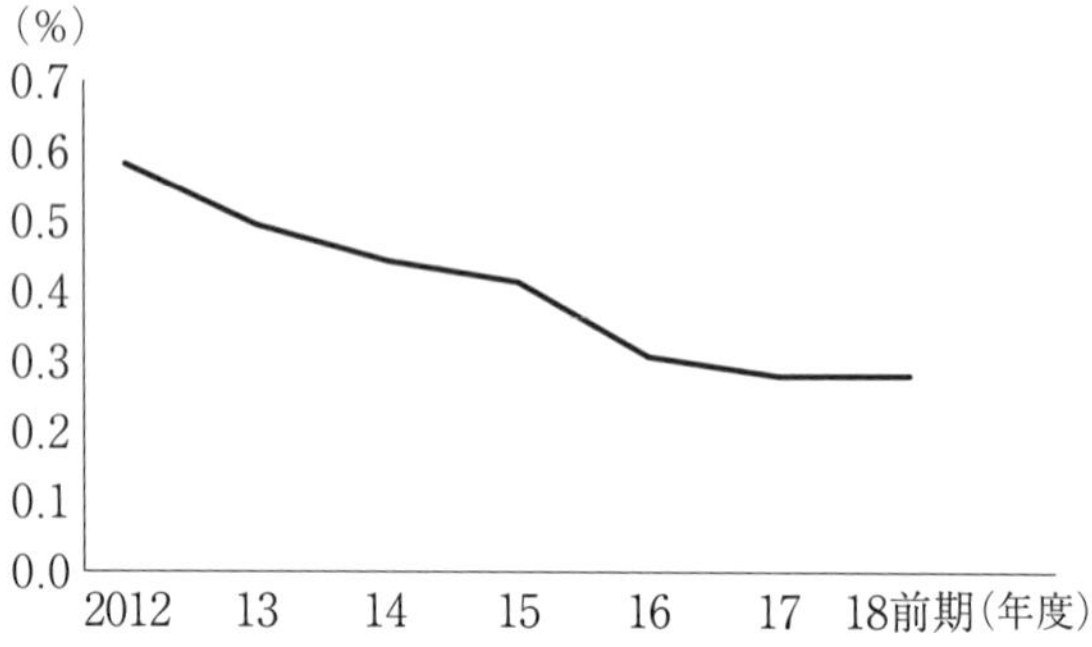

（出所）日本銀行の決算データから推計した各年度平均値

銀は当座預金に利子を払っても、それより多くの国債利子を得られるので、その差額（利ザヤ）を手に入れています。しかし、超低金利が長期化する中で、日銀の保有国債の利回りは**図41**のように低下してきています。（注）もし、日銀の受取金利と支払金利が逆転するような事態になれば、政府と日銀を合わせた利払い費が、かえって増加してしまうおそれもあります。日銀が国債を買うことは、財政危機に対する当座のしのぎにはなっても、将来の危機を深化させることになり、根本的な解決にはならないのです。

（注）現在、日銀が保有する一〇年債約一八〇兆円のうち、〇九～一二年度発行の表面金利一％台のものが三一兆円、一二～一四年度発行の表面金利〇・五～一％のものが四六兆円を占めています。最近、政府が発行する一〇年債の表面金利は〇・一％しかありませんから、日銀が保有する国債が順次償還期限を迎え、低金利のものに置き換わっていけば、**図41**の利回りはさらに低下していきます。

（2）新たな金融危機の火種も

次に金融です。前掲の**図38**のように超低金利が長期化すると、さまざまな「副作用」が生じます。

一つは、民間金融機関の収益が圧迫され、経営危機に陥る金融機関が生まれかねないということです。とくに、国際業務などで利益を得られる大手銀行と違って、財政基盤の弱い地方銀行にとっては、事態は深刻です。民間シンクタンクの試算では、現在の「マイナス金利」を含む日銀の超低金利政策が継続した場合、二三～二五年度ごろには、地方銀行の本業の儲けである実質業務純益が、一五年度対比で半減するとされています。(注)

(注) みずほ総研「異次元緩和長期化の副作用」(一八年一〇月二四日)。

利益が圧迫されれば、それを取り戻そうとして、リスクの高い取り引きに手を出す金融機関が出てくるおそれもあります。最近問題になったスルガ銀行の不正融資事件も、地方銀行の利益が圧迫されていることと無関係ではないと思います。

もう一つは、企業年金や生命保険などの資産運用が困難になることです。年金の減額や保険料の値上げなど、国民にツケが回ってくるおそれがあります。

日銀が国債を買い占めてしまうために、市場に出回る国債が減り、国債市場の機能が低下しているという指摘もあります。とくに、日銀が残存期間の長い国債の保有を増やしているため、残存期間が七～一〇年程度の国債では、発行量の八割超を日銀が保有する事態になっており、市場が機能を果たさなくなっているといいます。

今後、世界経済の変調などによって、リーマン・ショック時のような景気後退が起きても、日銀はこれ以上の金融緩和を行う余地が少なくなっています。逆に、何らかの原因で景気が過熱し、インフ

表31　公的マネーの株式市場への投入の状況

		18年3月末	18年9月末	18年12月末
「公的マネー」による株式保有額（兆円）	GPIF	40.0	42.4	34.8
	日銀	24.3	29.0	25.7
	合計	64.4	71.4	60.5
	うち東証１部	64.2	71.3	60.4
東証１部株式時価総額（兆円）		638.6	675.8	562.1
「公的マネー」比率（％）		10.1	10.6	10.7

「日経225株価指数」対象銘柄225社の中で

		18年3月末	18年6月末
公的マネーが筆頭株主（社）		189	189
	GPIF単独	115	109
	日銀単独	52	59
	合わせて	22	21
公的マネーが筆頭の割合（％）		84.0	84.0

（出所）日銀とGPIFの公表資料、および各企業の有価証券報告書などから筆者が推計

レやバブルなどが発生した場合には、通常なら日銀は「国債を売って市場からマネーを回収する」とか「日銀当座預金の金利を引き上げる」といった対応をすべきですが、政府の財政を日銀が丸抱えしている状況では、こうした対応も困難になります。

このように、日銀の「異次元金融緩和」策の長期化は、新たな金融危機の火種を膨らませるとともに、それに対する日銀の対応能力を弱めていっているのです。

（3）異常な「官製株式市場」化

株式市場の「官製市場」化も異常です。**表31**のように、一八年九月末時点で、日銀が保有するＥＴＦの時価総額は三〇兆円近くになり、ＧＰＩＦと合わせた「公的マネー」が、株式全体の一割以上を占めるに至っています。このような事態は発達した資本主義国では例を見ません。

「公的マネー」が事実上の「筆頭株主」となっている企業も増えています。「日経平均株価指数」を構成する日本の代表的企業二二五社では、「公的マネーが事実上の筆頭株主」という企業が八四％を占めています。国営企業中心の中国経済ならいざ知らず、資本主義国のはずの日本では、異常な事態といわなければなりません。

「公的マネー」が株を買い続ければ、株価は上昇を続けるかもしれませんが、逆に株を売ったら株価が下がります。「これから売るよ」と公表しただけで、株価が下がる前に売り抜けようという投資家が急増し、株価の暴落を招くかもしれません。

「公的マネー」投入が逆に株価下落を招く

将来の心配ばかりではありません。第3章の**図13**に示したように、一八年に入ってから顕著となった傾向は、日銀が「買う」のと同じペースで海外投資家が「売る」という状況が起きているということです。

米中の貿易問題など、世界経済の変調で海外投資家が損失をこうむり、資金繰りのために保有株式を売却しなければならない場合には、できるだけ売却損が出ない株を選んで売るでしょう。その場合、海外投資家が売っても日銀が買い支えてくれる日本の株式市場は、海外投資家にとって「高値で売り抜けられるので、売りやすい市場」になっているという見方もできます。日銀などの「公的マネー」が介入することで、かえって海外投資家の「売り」を呼び、さらなる株価下落を招いているともいえるのです。

（4）国民の大事な年金積立金をリスクにさらす

公的年金の積立金を運用するＧＰＩＦは二月一日に、一八年一〇－一二月期の資産運用状況を公表しました。その結果は**表32**のように、一四兆八〇八二億円の損失という衝撃的なものでした。

ＧＰＩＦの一〇－一二月期の運用結果については、すでに、一九年一月五日付の「しんぶん赤旗」が、「一四兆円を超える損失を生んだ可能性が高い」という試算を発表していました。年末の世界的な株安で、国内株式、外国株式とも七兆円前後の損失となり、外国債券も若干の損失で、全体では一四兆円を超える損失になったと予測したのです。この予測は、国内外の代表的な株価指数の動向などから計算したものでしたが、ＧＰＩＦの公表値は、この推計通りの結果となりました。

ＧＰＩＦの公表資料では、四半期ベースの損失が過去最大だったのは、一五年七－九月期のマイナス七・九兆円ですから、その二倍近い巨額の損失が出たことになります。ＧＰＩＦの運用資産は昨年九月末で一六五兆円でしたから、その一割近くが、たった三カ月で吹き飛んだということになります。一八年度は、四－一二月の累計でも六兆九七九七億円の損失となっており、一－三月期にこれを上回る利益をあげられなければ、年度を通じてもマイナスということになります。

実は、ＧＰＩＦが巨額の損失を出す可能性は、今に始まったことではありません。一七年の暮れぐらいから、その可能性は高まっていました。ところが、それを日銀が助けてきたのです。第3章の**図12**を見てください。日銀は巨額のＥＴＦ購入を続けてきましたが、月によって波があります。最近の特徴は、一七年一二月、一八年三月、六月と、四半期の最後の月の購入額が多くなっていることです（一八年九月は、株価が高かったので、日銀はあまり買っていません）。これは、企業の四半期決算などへの配慮もあるのかもしれませんが、私はＧＰＩＦの決算対策だったのではないかと思っています。一八年に書いた雑誌論文（注）でも、その点を指摘し、最近二年間の日銀のＥＴＦ購入がなければ、株価が二割下落し、ＧＰＩＦに「八兆円の損失が生じることになる」と指摘しました。一八年末には、日銀がいくらＥＴＦを購入しても海外投資家の「売り」が上回り、ついにＧＰＩＦの損失が表面化したのです。

表32　GPIFの18年10－12月期の資産運用

	10−12月期の収益額（億円）	4−12月期の収益額（億円）	18年12月末資産額（億円）
国内債券	4,242	1,491	426,796
国内株式	▲ 76,556	▲ 48,126	359,101
外国債券	▲ 7,182	▲ 1,429	263,484
外国株式	▲ 68,582	▲ 19,728	367,706
短期資産	▲ 4	▲ 4	96,520
合　計	▲ 148,082	▲ 69,797	1,513,607

（注）資産額には、GPIF分以外に、年金特別会計管理分（6,977億円）を含む。

（注）『経済』一八年一二月号「『公的マネー』七〇兆円で進む『官製市場』化」。

政府は、これまで損失が出るたびに、「ＧＰＩＦの運用は長期で評価すべきであって、四半期単位の損失で評価されるものではない。長期的に見れば多額の累積利益がある」と言い訳してきました。しかし、長期的に見れば、もっと重大なリスクを抱えています。

年金積立金は、将来の年金給付に充てるためのものであり、永遠に保有し続けることはできません。厚生労働省の年金の「平成二六年財政検証」によれば、公的年金の積立金は二〇五〇年ごろにピークを迎え、それ以降は給付のために徐々に取り崩していくことになっています。株式で保有している資産は、給付のためには売却しなければなりません。しかし、その時に、他に買い支えてくれる買い手がいなければ、ＧＰＩＦのような巨大な投資家が売ったら、間違いなく株価は下落します。ＧＰＩＦは、自分で自分の資産価値を掘り崩すことになります。現時点でいくら帳簿上の「累積利益」があったとしても、それが年金給付の財源に確実に充てられるという保証はないのです。

終わりに

私が、消費税問題で本を出すのは、二〇一二年四月の『消費税が日本をダメにする』（新日本出版社）以来、七年ぶりです。前著は、民主党政権時代だったこともあって、消費税そのものの問題点と、「税と社会保障の一体改革」に対する批判が中心でした。今回は、安倍政権下での増税という点を踏まえ、消費税増税と「アベノミクス」による複合的な国民への被害という角度から論じたことが、特徴だと思っています。

正月三が日を返上して原稿をほぼ書き終えた後、今日の新聞（注）を見たら、とんでもない記事が載っていました。菅官房長官が、三日のラジオ番組で、一九年三月ごろと見られる一九年度予算の成立前後に、消費税一〇％への増税について「最終判断」する可能性があるとの認識を示したというものです。

（注）「読売」一九年一月四日付。

一八年末以来の株価下落に、政府も動揺を深めたのかもしれませんが、消費税増税を前提とした税収見積もりをし、増税への「対策」予算を何兆円も計上した予算案を閣議決定しておいて、その予算案をまだ国会に提出もしていないうちに、「予算が通ったころに増税の最終判断をする」とは、どういうことでしょうか。かりに、「増税を再延期する」というのなら、通ったばかりの予算を土台からひっくり返すことになります。菅氏の発言が本気なら、予算審議の前提条件が崩壊することになります。政府が実行するかどうか「まだわからない」予算など、国会に提出することすら許されません。

政府の動向については、「消費税と日ロ領土問題を口実にして、衆参ダブル選挙に持ち込むための布石ではないか」という見方さえ出ていますが、それが当たっているかどうかはともかく、消費税問題が政局をからめた一九年の政治の大争点になることは間違いありません。いずれにせよ、「一九年一〇月の一〇%増税を中止せよ」の一点での世論と運動を大きく広げていくことが重要です。本書がその運動に貢献できることを願って、筆を置きます。

垣内　亮（かきうち　あきら）

1952年12月24日、東京都出身。日本共産党中央委員会政策委員会。東京大学工学部計数工学科卒業。党東京都委員会、国会議員団事務局勤務を経て2000年から現職。著書に『消費税が日本をダメにする』（2012年）、『財政危機からどう脱出するか』（共著、1997年、いずれも新日本出版社）。

「安倍増税《あべぞうぜい》」は日本《にほん》を壊《こわ》す——消費税《しょうひぜい》に頼《たよ》らない道《みち》はここに

2019年3月15日　初　版

著　者　垣　内　　亮
発行者　田　所　　稔

郵便番号　151-0051　東京都渋谷区千駄ヶ谷4-25-6
発行所　株式会社　新日本出版社
電話　03（3423）8402（営業）
03（3423）9323（編集）
info@shinnihon-net.co.jp
www.shinnihon-net.co.jp
振替番号　00130-0-13681

印刷　亨有堂印刷所　　製本　光陽メディア

落丁・乱丁がありましたらおとりかえいたします。

ISBN978-4-406-06345-6 C0033　Printed in Japan